江苏高校“青蓝工程”
无锡科技职业学院省示范项目资助

# 技术市场的信任构建与交易效率

# *Trust Building and Transaction Efficiency in Technology Markets*

华冬芳 / 著

南京师范大学出版社
NANJING NORMAL UNIVERSITY PRESS

**图书在版编目(CIP)数据**

技术市场的信任构建与交易效率/华冬芳著. —南京：南京师范大学出版社，2019.12

ISBN 978－7－5651－4437－0

Ⅰ. ①技… Ⅱ. ①华… Ⅲ. ①技术市场—研究 Ⅳ. ①F713.584

中国版本图书馆 CIP 数据核字(2019)第 289965 号

书　　名　技术市场的信任构建与交易效率
著　　者　华冬芳
责任编辑　孙　沁
出版发行　南京师范大学出版社
地　　址　江苏省南京市玄武区后宰门西村 9 号(邮编:210016)
电　　话　(025)83598919(总编办)　83598412(营销部)　83373872(邮购部)
网　　址　http://press.njnu.edu.cn
电子信箱　nspzbb@njnu.edu.cn
照　　排　南京理工大学资产经营有限公司
印　　刷　江苏凤凰数码印务有限公司
开　　本　787 毫米×960 毫米　1/16
印　　张　13.5
字　　数　207 千
版　　次　2019 年 12 月第 1 版　2019 年 12 月第 1 次印刷
书　　号　ISBN 978－7－5651－4437－0
定　　价　38.00 元

出 版 人　张志刚

# 序　言

华冬芳博士的《技术市场的信任构建与交易效率》一书，是她近年来研究中国技术交易市场及其效率的一系列成果之集大成。该书主旨是探讨新时期技术交易市场的内外环境之变，探索符合我国自身市场特征的深化改革之路。该研究视角独特，围绕非正式制度层面的信任主线，沿着技术交易中信息发布、信息搜索、信息传播、信息接受、信息共享、信息应用等信息传递过程，探究技术交易中信任、信息、交易效率之间复杂、多变的动态关系。技术交易市场是改革开放的前沿阵地，是科技成果转移转化的主战场，是我国市场经济的重要构成部分。整体而言，技术交易市场的改革与发展相对滞后，无论是市场规模，还是市场质量都与我国现有的市场经济规模与地位不匹配。为推动技术市场的成熟与繁荣，从中央到地方，相继出台了有关促进技术市场发展的政策、规定与意见，市场参与者们积极改革探索，创新交易方式与流程，积极构建新时期技术交易市场新体系。学者们从理论层面给予积极研究与探讨，技术交易中制度层面的研究是学者们着重关注的重点领域之一，研究成果也丰富，并逐步形成了"交易特征—交易成本—交易效率"的研究范式，对于该范式的形成与发展，华冬芳博士在书中进行了充分介绍与阐述。

千禧年前后，学者们形成了较成熟的技术交易市场特征的认知与观点，信息非对称、外部经济性、契约不完全等特征都是技术市场专有的市场属性，这是将技术知识作为交易客体形成的，只要此类交易发生，这类市场属性就不会改变，也无法规避。因此，技术交易市场的相关研究应在此基础上开展。但是，本世纪以来，大数据、云计算、移动互联等信息技术的飞速发展，在改变人们生产生活方式的同时，是否改变技术交易市场的原有市场属性特征？华冬芳博士对此有敏锐的认知与理解，她与我讨论，认为技术交易是围绕技术知识开展的经济行为，而技术知识的存储、发布、传递的方式和方法发生变化，技术交易市场属性特征理应发生改变。我鼓励她厘清这种变化，并针对这种变化影响展开研究。书中，华冬芳博士对技术市场特征的变化提出了自己的见解，提出信息时代，技术市场的信息环境、技术环境、关系环境都已发生变化，并对这种变化进行了阐析，这为技术市场的特征研究提出了新思路，具有一定的理论意义与价值。

选择信任为研究视角，结合技术交易市场特征变化，展开技术交易市场改革与发展的研究，挑战和难度可想而知。关于信任的研究在各学科都有开展，且研究比较深入，都已形成各具特色的学术成果，但技术交易市场领域中的信任研究却相对滞后。对于信任，早几年我在研究现代服务业、科技创新相关课题时即有所思，缺乏信任的合作关系往往充斥欺骗、投机与失败，也深知信任研究的难度，因为，信任在不同地区、不同行业、不同领域的表现形式存在差异，其影响因素众多，文化传统、沟通方式、交易模式等等都会改变、破坏信任。信任是一个涉及多层面、多领域的研究领域，难以在短时间内实现突破。当我建议华冬芳博士可以从信任视角展开技术交易市场的研究时，心存担忧，担心研究方向过大、过宽，她难以把握重点和突破点。然而华冬芳博士在学术研究中具有敢于担当、刻苦钻研的精神和品格，她不懈努力，终于形成了技术交易中的信任研究系列成果。书中就技术交易中的信任定义、信任建立、信任发展、信任影响等方面都做了严谨的论证与阐述。

对于技术交易中信任、信息共享与交易效率存在的依存、制约与影响的关系，该书给出了清晰结论。华冬芳博士依据翔实的调查数据，基于扎实的数学功底，构建了相关演化博弈模型，证实了在技术交易活动中，信任是影响参与者们信息共享的关键因素之一，且信息共享水平的高低直接影响了技术交易的质量和价值，佐证了良好的信任关系对于技术交易效率的重要性。此外，该书的另一重要结论就是从非正式制度层面进一步解释了技术中介在陌生的技术交易方之间的信任建立、维持与发展的重要功能与作用，技术中介的参与，促进了技术交易双方信任的达成，拓宽了技术中介的研究领域。

该书的最后从中宏观层面出发，结合研究结论，就政府、交易主体与技术中介三大市场构成主体如何开展技术市场的改革给出了针对性、建设性建议与意见。应该讲，该书提出的技术市场的改革方向与路径的可操作性还是很强的，相关政府决策部门，技术市场参与机构与人员可以结合自身实际，根据该书给出的建设性建议开展有益的尝试与探索，唯此，该书的研究意义与价值才能真正得以实现。

近年来，我一直围绕技术市场、科技创新相关问题开展研究，技术市场的改革是科技体制综合改革的重要内容之一，科技体制的综合改革是一个系统性工程，先前积累的经验面对新环境、新问题时往往收效甚微或失效，甚至抑制发展的现象也屡见不鲜。在这一过程中，华冬芳博士一直在参与我的相关课题研究，随时记录有价值的观点和方法，孜孜以求地吸收学术营养。她从不懂到成为行家，体现了她的刻苦学习精神和积极探索的态度。从参与我的课题到自己申请获批两个省级课题，也反映了她的研究得到了认可。当然，在这个领域还有更多的问题需要研究，需要提出更新的观点以影响指导实践。希望华冬芳博士以该书的出版为契机、起点，一如既往，展开持续性研究，为推动技术市场、科技创新体制的改革发展建设贡献自己的智慧和力量。

该书由南京师范大学出版社出版。作为她的博士生导师，我对该书出版深感欣慰和喜悦，并向她表示由衷的祝贺。在该书付梓之际，我真诚地将本书推荐给广大学者，特别是从事技术市场、科技体制改革的专家、学者、市场一线实践人员。同时，希望本书的研究能引起更多人的关注，吸引更多的人加入到这一研究队伍之中，共同促进我国技术市场、科技创新领域学术研究的繁荣与发展。

蒋伏心

2019年9月19日

于南京汇林绿洲

# 目 录

# 第一章
# 技术交易市场的基本内涵

技术交易市场是我国具有中国特色社会主义市场体系中重要要素市场之一，技术交易市场的发展是改革开放中的重要篇章，也是当前深化科技管理体制改革，优化科技资源配置，完善鼓励技术创新和科技成果转移转化的主要途径。1978年全国科技大会的召开，标志着我国技术交易市场破土而生；1985年，中共中央发布《关于科学技术体制改革的决定》，国务院颁布《国务院关于技术转让的暂行规定》，《中华人民共和国专利法》正式施行，技术交易市场因此进入快速发展期；1996年10月1日，《中华人民共和国促进科技成果转化法》正式施行；21世纪以来，党的十六大、十七大都做出了发展、健全技术市场等要素市场的重大决定，推动了技术交易市场的稳定发展，技术交易市场体系日趋完善，为我国社会主义市场体系的建设做出了巨大贡献。

党的十八大以来，以大数据、云计算、移动互联为代表的信息数字技术快速发展，加速了人类社会的技术变革，改变了人类经济社会生活方式，全社会进入信息时代。随着我国经济体制改革迈入深水区，加之国内外经济形势越发错综复杂，以习近平为核心的党中央领导集体高瞻远瞩、高屋建瓴，为技术交易市场的发展指明了方向，并设计出符合我国国情的技术交易市场发展路径，先后修订完成《中华人民共和国促进科技成果转化法》，发布《实施〈中华人民共和国促进科技成果转化法〉若干规定》，印发《促进科技成果转移转化行动方案》，形成从修订法律、制定配套政策到部署具体行动的“三部曲”。当前，我国已经初步形成促进科技成果转移转化，健全技术交易市场建设的顶层设计，只有创新建设符合信息时代的技术交易市场发展路径，才能打通科技和经济社会发展的通道，只有更好地发挥政府与市场两方面的作用，才能建立公平开放的市场体系、科学合理的体制机制，形成政、产、学、研用多方协同推动科技成果转化和创新创业的新格局。

技术交易是一个复杂的动态系统，相比较普通商品交易，技术交易具有信息非对称性、不确定性、缄默性、公共物品属性等专有特征，这种特殊的"商品"交易属性客观上为交易过程中的机会主义和搭便车行为提供了广阔的生存空间。在信息时代，技术交易市场环境的变化更易滋生此类行为，而市场机制不可能自动且有效地消除此类行为，此类行为的持续发生严重制约了技术交易效率的提升，不利于技术交易市场的发展与繁荣。学者们尝试从多个视角研究如何降低技术交易专有特征引起的不利影响，围绕交易主体、交易客体、交易机制、制度环境等正式制度层面展开研究，从宏观方面提出建设性意见和建议。然而，对于中微观层次的研究不够深入，特别是对于技术交易中正式制度安排所不能解决的问题，如道德风险、机会主义等问题，学者们从信任、文化等非正式制度展开的研究才远远不够。信任是非正式制度层面，社会、经济学者最为关注的研究方向，信任在经济活动中的研究成果斐然，然而，在技术交易中的信任研究却滞后于其他商品交易市场领域，且技术交易具有的技术不确定性、信息非对称、信息不完全等交易特征更会增加技术交易方之间的信任难度。信任是否是技术交易市场主体决策行动的关键因素？如何才能在陌生的技术交易方之间建立信任？信任建立后会影响施信方的何种行为行动，进而影响最终技术交易效率？这些都是技术交易市场发展的研究中必须厘清的理论问题。基于此，本书从信任视角分析信息时代技术交易主体间的行为决策，运用信息非对称、交易成本等理论知识厘清技术交易中信任机制、作用机理、信任建立等多个问题，从非正式制度视角、中微观层面提出技术交易市场改革与发展的路径和方向。

# 1.1　技术交易市场的相关概念

## 1.1.1　技术内涵

要对技术交易进行准确定义，首先必须厘清什么是“技术”。有关技术的概念众说纷纭，难以统一。世界知识产权组织指出：“技术是制造一种产品或提供一次服务的系统的知识。”美国著名经济学家布莱恩·阿瑟（Brian Arthur，2015）在其著作《技术的本质》中指出：“技术本质上是被捕获并加以利用的现象的集合，这种现象既可以是物理现象，如激光、雷达、火箭等，也可以是非物理现象，如与物理现象相关的组织或管理等；且技术是一种非常易变的东西，它是动态的、活的，会随时间发展而不断进行构成和发生变化。”我国学者刘学（2001）则认为，技术是为实现某种特定的目的而将劳动技能、方法和规则、劳动手段与技术知识等诸要素以一定方式结合而形成的有效系统。尽管学者们关于技术定义的表述不尽相同，但都是基于“技术是系统知识的有效集合”这一基本释义基础之上展开阐释。因此，本书对技术定义如下，技术是指达成特定目标形成的相关系统知识的有效集合。

结合技术交易市场发展实践，技术要作为商品在市场中自由交易，还需具备以下三个基本条件。第一，技术必须具备清晰的界定或表达，有明确的边界。可交易的技术必须可通过文字、图纸、技术指标等形式显示。第二，技术必须具备明确的归属和产权。可交易的技术在交易前后的使用权、所有权等产权属性必须明确，交易供需双方间权力让渡的实现是评估交易成功与否的关键标准之一。第三，技术必须具备显性价值。对于技术需求方而言，可交易的技术一定具备显著的显性价值，在特定范围内具有稀缺性，通过交易后的技术扩散能获得更高的收益，才有开展交易的需求驱动力。本书研究的技术是具备上述特征并能在技术供需双方之间形成交易的技术。

### 1.1.2 技术交易内涵

与普通的商品交换相比,技术交易的核心是将技术作为交换标的展开的交易活动,而技术的复杂性和不确定性增加了对技术交易进行定义和研究的难度。从技术的流动过程来看,笔者认为完整的技术交易活动还需具备以下特征:一是技术需经过传递、吸收、扩散等一系列流程实现交易结果,交易完整的评价基本标准是技术需求方具备交易技术的应用能力;二是技术交易是有偿的,即技术提供方通过技术交易获得收益,这种收益可以是货币,或是其他可度量和可表达的商业价值形式。无偿的技术交易通常是捐赠或无偿转让,其交易目的、交易预期和交易环境等差异显著,本书研究的是有偿的技术交易活动;三是技术的产权发生转移,即经过技术交易,技术的产权由技术提供方让渡到技术需求方,这里的产权属性既可以是所有权,亦可以是使用权或其他经双方认可的形式;四是技术供需双方间存在技术势差,技术是在技术供需双方的"相互作用关系"的结果基础上从供方传递到需方,而技术的特有属性使得技术交易过程比普通商品交换更多依赖"相互作用关系"结果。因此,本书对技术交易作如下定义:技术作为交易客体,在技术供需双方相互作用关系基础上,经技术提供方传递,技术需求方吸收、扩散应用,并实现技术所有权或使用权让渡的过程。当前,我国技术交易涵盖的内容包括技术转让、技术咨询、技术授权、技术服务等形式。参与技术交易的主体涉及技术提供方、技术需求方以及技术中介。高等院校、科研院所、专利持有人常扮演技术提供方的角色,企业多扮演技术需求方的角色,各地的技术交易市场、技术转移中心、专利中介机构常扮演技术中介的角色。

在市场中,技术交易与技术转移出现的频率最高,对于两者,人们通常混淆使用,学理上讲,技术交易与技术转移在内涵、范围、形式、外延方面既存在相同之处,亦存在区别,为准确理解技术交易,有必要对技术交易与技术转移进行进一步比较与分析。对于技术转移,美国学者波兹曼(Bozeman)(2000,

2015)将其定义成专有技术、技术知识或技术从一个组织到另一个组织的移动;《世界经济百科全书》则定义成构成技术三要素的人、物和信息的转移;联合国《国际技术转移行动守则》定义为是系统知识的转移,是从产生知识的地方转移到使用知识的地方,转移的内容涉及信息、知识、专利等软件,转移的技术较已有的技术更加新颖、更加先进。综合而言,技术转移可以理解成拥有技术的一方通过某种方式将其拥有的技术及有关权利转移给另一方的整个活动过程,与技术交易相比,技术转移涵盖的内容和范围更宽泛,与技术交易最显著的区别就是,技术交易强调技术的产权发生了让渡,且这种让渡是有偿的,而技术转移则既可能是有偿转移,亦可能是无偿转移。可见,技术交易是技术转移的一个子集,是一种特殊的技术转移活动。

### 1.1.3　技术交易效率内涵

技术交易效率通常用来衡量和评价技术交易的效果,既有学者用来衡量全国或部分区域的整体技术交易水平,也有学者评价单次技术交易的质量。研究视角的不同,赋予了技术交易效率丰富的内涵,而角度的多样性,导致技术交易效率的定义不应是单一的。要正确理解技术交易效率内涵和定义,首要厘清交易效率的基本含义。交易效率概念最早是由经济学家杨小凯在以分工演进为基础的新兴古典经济学框架之下提出,分工演进是产生交易的前提,而分工演进的水平不同、阶段不同,所采取的交易模式也会有所差别,至于不同交易模式的效果如何,则要通过交易效率的衡量体现出来(李颋,2008)。杨小凯(1999)借鉴"冰山运输成本"的模式对交易效率进行定义。假设一人预期要购买 1 单位商品,但他实际只获得 $k$($0\leqslant k\leqslant 1$)单位商品,那么($1-k$)单位就是其交易成本,$k$ 是该次交易的交易效率,通常使用系数表示。赵红军(2006)从新制度经济学的交易成本视角出发,认为交易效率在特定交易角度可被看作消费者(企业)在支付了交易商品(服务)的实际价格以及损耗的时间等机会成本之后仍能获得的剩余;从整个经济体来看,可被看作是一国经济组织或个人在一定时间内进行各种交易活动的平均交易效率。王子龙(2016)认为，交易效率狭义上是指单位时间或人力物力成本下所进行的交易量（额）；广义上是一个互相关联的综合的指标体系，用以从各个角度、维度衡量交易的状态特征。赵红军、高帆等学者的研究指出了交易效率具有宏观和微观的维度区分，也符合“投入—产出”效率的基本内涵。

技术交易效率的研究可以借鉴交易效率的研究成果，从宏观和微观两种不同视角予以界定。宏观视角下主要从交易制度环境、产业层面分析技术交易，宏观上的技术交易效率是反映一个地区一段时间内所有技术交易活动的综合指标体系，是综合多个角度和维度衡量技术交易的市场水平。微观视角下主要从技术交易主体及相互关系、交易客体、交易形式等方面分析技术交易，微观上的技术交易效率衡量的是投入单位时间或人力、物力成本后所达成的交易量（额）。笔者主要从技术交易主体相互作用关系方面展开研究，结合研究目的，笔者研究的技术交易效率是指在约定的时间内，在消耗相当数量的人力、物力、资金、时间等方面的交易成本后，技术交易供需方因交易获得的综合社会福利。

微观层面而言，技术交易效率的衡量更多具有主观性，难以用客观数据度量，综合技术交易的专有特征，技术交易效率内涵主要包括以下几个方面：① 技术交易方的交易满意程度是衡量单次技术交易效率最为有效和显性的综合指标。技术的公共物品属性、复杂性等特征使得技术价值难以在短时间内得以体现，交易是否达到预期目标只能依靠交易方自我的主观综合评判。② 技术交易方技术能力的提升是衡量技术交易效率的基础指标。技术交易的发生源于技术需求方的技术需求，技术需求方吸收所交易的技术，技术能力得到提升，这是衡量技术交易成功与否的基准。③ 技术交易主体间的相互关系则是衡量技术交易效率的核心指标。技术的缄默性使得交易边界不清晰，技术提供方所拥有的技术经验、技术诀窍是否愿意传递给技术需求方，传递多少，传递程度都与双方关系紧密程度相关；同时，技术的不确定性使得交易的机会主义盛行，良好的关系可以抑制机会主义行为的发生。显然，交易主体间的相互关系对交易成本具有显著影响。

### 1.1.4 技术交易市场内涵

学术界对于技术交易市场有广义和狭义之分。广义的技术交易市场是指将技术知识、技术成果等商品进行的市场交易,包含各种与之相关的交换关系的总和,是我国经济市场体系的重要组成部分,是我国创新驱动战略发展的关键,在我国技术创新体系的建设中具有举足轻重的地位。狭义的技术交易市场多是指用于技术商品交换的场所或区域,各地的技术产权市场就是其典型形式,狭义的技术交易市场是广义技术交易市场的组成部分,是一种专业化的技术交易机构,从学理上讲,狭义的技术交易市场属于技术中介的范畴。本书的技术交易市场是指广义的技术交易市场。

技术交易市场属于商品或要素市场的范畴,但又不是一般的商品或要素市场,原因是该市场具有较强的"正外部性",即该市场的交易行为不仅影响市场参与者,且影响与之相关的上下游产业或企业。一项关键技术的市场化,甚至可能对世界经济产生长远的影响。同时,技术交易市场在配置资源过程中,还有可能出现"市场失灵"。原因是作为交易对象的技术不是最终产品,而是一种过程商品,其最终价值是否产生和实现,取决于后续阶段若干环节的作用,具有很强的不确定性。技术商品价格的高低,不是调节市场供求关系的首要因素,这就形成了"市场失灵"。"正外部性"和"市场失灵"的存在,构成了政府对技术交易市场进行必要干预的双重理由。欧美主要国家无一例外地对技术交易市场进行干预,也证明了"正外部性"和"市场失灵"是技术交易市场的普遍规律。与其他商品交易其交易对象一定程度的标准性不同,技术交易的另一个重要特点是,交易对象的非标准性和复杂性程度极高,无法将之抽象为简单的供给和需求的数量概念,因此,无法运用"自动撮合"系统进行交易。其交易的参与者除技术提供方和技术需求双方外,必须有专业性强的中介人参与。专业中介人是技术交易市场的"触媒",也是技术交易市场发展的基础,其规模大小、专业水平高低和职业道德水平高下,一定程度上决定着技术交易市场的发展水平,因此,技术中介也是技术交易市场重要的组成主体。

## 1.2　技术交易市场的参与主体

技术交易市场是由市场中各主体具体的微观行动组成的经济活动系统，现阶段技术交易实践中主要活跃着三类技术交易主体行动者，分别是技术提供方、技术需求方和技术中介。虽然三者都是技术交易活动的参与者，但由于分工的不同，三者展现出各自不同的特征。同时，政府作为技术交易市场主要的监管者，是技术交易市场具体交易活动主体外的重要主体，扮演着公平、公正、权威、引导等多种角色。

### 1.2.1　技术提供方

技术提供方是技术的拥有方和供给方，在技术交易中，技术提供方是希望通过将其拥有的技术信息的转让实现技术价值，获取收益。在交易过程中，技术提供方是信息优势方，掌握着交易技术的关键信息和隐性知识，对技术交易的结果具有决定性影响。技术提供方是否愿意交易并传递技术信息？什么时候传递？传递多少？这些都受技术提供方的制约。技术的公共物品属性使得技术提供方在交易过程受交易后道德风险的影响更甚，技术提供方常有这样或那样的担心，害怕一旦将技术诀窍、关键知识信息传递给技术需求方，而技术需求方又未能履约，这会给技术提供方带来巨大的影响和损失。

现阶段，技术交易中的供方的组织形式主要以高校、科研院所以及少量企业为主。由于高校和科研院所的所有权和技术创新需求与企业有着诸多不同，组织文化的差异等导致各自作为技术提供方时的需求存在差异。声誉、技术价值的升华是高校和科研院所交易时的主要利益诉求，而技术变现最大化是企业的逐利本质。因此，在不同组织扮演技术提供方角色时，技术提供方的对交易的效率具有不同程度和不同形式的影响。

### 1.2.2　技术需求方

技术需求方是技术的输入方和接收方，在技术交易中，技术需求方通过从技术提供方购买需求技术，以期实现自身技术能力的提升。现阶段，技术需求方的组织形式主要是企业。技术需求方在技术交易过程中是技术信息弱势方，由于技术能力的不足，难以对相关技术信息进行评估。因此，事前的逆向选择风险对于技术需求方而言尤盛。如若技术提供方存在夸大或发布虚假信息，而技术需求方却无法准确甄别该类信息真伪，极有可能花费远超交易技术实际价值的费用来交易技术，阻碍拥有高质量技术价值的技术提供方进入市场。

### 1.2.3　技术中介

技术交易的信息不对称、契约不完全等专有特征使得交易中存在无法逾越的信息障碍，而技术供需双方技术势差意味着信息劣势方并不具备甄别信息真伪的能力。即便如此，逐利的有限理性经济人依旧有巨大的交易驱动力，为降低信息障碍引起的风险，技术供需方会借助第三方的力量。通过第三方对信息的鉴定，发出具有公信力的“市场信号”，以使市场交易达到一种新的均衡。

在任何市场上，当直接交易已无法满足交易双方的需要时，客观上要求新的主体介入市场，以一种新的分工方式来弥补市场失灵，若这种需求大到足以产生促进分工的细化、深化的激励时，就会形成供方、需方和中介三方参与的市场分工格局。市场分工的深化会带来市场容量和深度的拓展，提高交易效率，最终带来社会总福利的增加。技术中介的出现弥补了技术市场的失灵，扮演着举足轻重的角色(方世建，2003)。

当前，由于科学技术的发展以及越来越多样化的交易形式，不同类型的组织承担起技术中介的角色。由于研究视角的不同，学者们对技术中介的内涵和外延尚未达成一致。广义的技术中介，指在科技从产生到应用于产品与服务的整个过程中，为科技与经济结合提供必要的信息、资源、服务的组织；它主要包括科技咨询类、创业孵化类和科技成果转化类机构，涉及技术咨询、技术评估、技术交流、技术经纪、信息服务、人才培训、职业经营者市场等众多行业(刘勤福，2008)。狭义的技术中介，董正英(2003)认为是指以知识、技术、经验和信息为另一方与第三方订立技术合同进行联系、介绍、组织工业化开发、并为履行合同提供服务的中介方，是技术市场的重要组成部分；泰特兹(Tietze，2016)则认为技术中介是指以营利为目的，通过与技术主体的互动，在不改变技术价值和技术所有权的基础上，促进技术交易活动的组织或个人。从学者的定义上来看，技术中介是社会中介系统的重要组成部分，与金融中介、房屋中介等其他形式的中介组织相比，技术中介除了具有独立性、第三方性、客观性和公正性外，还必须具备很强的信息搜寻能力、信息甄别能力及信号传递能力等(张世君，2007)。

综合而言，技术中介一是为特定的目的进行服务，即仅指中介方为技术供需双方订立和履行技术合同进行的服务；二是技术中介提供全程服务，即贯穿洽谈、签约、履约的全过程，不仅周期长，而且内容丰富、复杂，是一种“多角化”的服务；三是技术中介是以技术知识为基础提供的服务，它在本质上属于技术服务。

## 1.3 技术交易方式的分类

技术交易市场存在多种技术交易方式，本书结合不同的视角和划分依据，从交易的合约形式、互联网应用方式以及产权分配形式三个层面对技术交易市场中的主要交易形式进行了分类与比较。

### 1.3.1 技术交易合约方式的分类

当前，我国技术交易市场中，参与活动的各交易主体会结合各自需求及组织特征选择适合的方式开展技术交易活动。根据技术交易合约方式，结合

1987 年颁布实施的《中华人民共和国技术合同法》，技术交易市场中的技术交易方式可以分成四大类，主要分为技术开发、技术转让、技术咨询和技术服务。当前，国家相关部门也是根据上述四种合约形式作为统计分类依据，分别进行技术交易市场数据统计，在此基础上进行技术交易市场的相关分析研究。

(1) 技术开发合同

技术开发合同是指当事人之间就新技术、新产品、新工艺和新材料及其系统的研究开发所订立的合同。技术开发合同的签署意味着技术提供方和技术需求方对相关交易技术最终的发展方向和结果具有不确定性，无法准确评价合同直接阶段可能遇见的风险，交易的预期结果是建立在一定的技术创新结果之上，技术开发合同具有高风险性。

技术开发合同包括委托开发合同和合作开发合同。委托开发合同是指当技术需求方委托技术提供方进行研究开发所订立的合同，具体来说就是技术需求方按照约定支付研究开发经费和报酬，提供技术资料、原始数据、完成协作事项、接收研究成果；技术提供方即研究开发人员按照约定制定和实施研究开发计划，合理使用研究开发经费，按期完成研究开发工作，交付研究成果，提供有关的技术资料和必要的技术等，帮助技术需求方掌握研究开发成果的合同。

合作开发合同是指当事各方就共同进行研究开发所订立的合同，具体而言就是交易当事人为完成一定的研究开发工作，共同投资、共同参与研究开发、共享成果、共担风险的合同。合作开发完成的发明创造，除当事人另有约定的以外，成果的所有权属于合作开发的当事人共有。

(2) 技术转让合同

技术转让合同是指当事人就专利权转让、专利申请权转让及专利实施许可、非专利技术的转让所订立的合同。技术转让合同的标的是现有的、特定的、成熟的技术成果。所谓转让，是指技术提供方将交易的标的技术进行产权让渡，技术转让合同的核心和标志就是技术成果所有权的让渡。技术转让合同包括专利权转让合同、专利申请权转让合同、技术秘密转让合同、专利实施许可合同、技术引进合同等。

(3) 技术咨询合同

技术咨询是指专业技术人员按照委托人提出的要求,根据自己的知识、经验、能力和掌握的信息,运用科学的方法和先进的手段,通过调查、研究、分析、评价、预测,为委托人提供最佳或者几种可供选择的决策方案,或者解答委托人的问题。技术咨询合同是指当事人一方为另一方就特定技术项目提供可行性论证、技术预测、专题技术调查、分析评价报告所订立的合同。

(4) 技术服务合同

技术服务合同是指当事人一方以技术知识为另一方解决特定技术问题所订立的合同,不包括建设工程的勘察、设计、施工、安装合同和加工承揽合同。技术服务合同可以分为辅助技术服务合同和传授、传递科技知识和情报的合同。前者包括产品设计合同、工艺编制合同、测试分析合同、计算机程序编制合同等,后者包括技术培训合同、技术中介合同等。技术服务合同与其他三类技术合同的区别主要就是,技术服务方运用现有技术提供服务,不存在技术产权让渡的约定。

### 1.3.2 互联网应用方式的分类

信息时代,互联网技术得到飞速发展,技术进步已在各个领域改变我们的经济活动和生活方式,技术交易市场环境同样也发生巨大变化,运用互联网、大数据、移动互联等技术开展技术交易活动已成为技术交易发展的必然趋势,新的技术交易方式和模式不断涌现。结合互联网技术的应用,技术交易可以分为网上技术交易和网下技术交易。

(1) 网上技术交易

顾名思义,网上技术交易是指借助互联网技术开展技术信息搜寻、交流、签约、实施等技术交易活动，是因互联网技术而发展起来的技术交易方式，也是当前及今后很长一段时间内主要的技术交易方式之一。网上技术交易是一种无形的技术交易，学术界对其尚未形成统一定义，但无论从何种视角给予定义，综合而言，网上技术交易一定是借助移动互联网技术开展的技术搜寻、交易签约、技术转移等活动。依托互联网开展的技术交易，可以大幅降低技术交易的信息搜索、信息沟通等方面的交易成本，改善技术交易的流程，缩短技术交易周期，技术交易各方可以实现各类增值服务。

网上技术交易市场是在网上技术交易基础上发展起来的技术交易市场，既指广义的技术市场，亦指狭义的技术交易市场。网上技术交易市场是传统技术交易发展的必然趋势，是因信息技术发展起来的一种交易市场，其实质是传统技术交易市场与现代信息技术的一种创新技术交易方式。尽管是虚拟市场，但在提升技术交易效率，加快科技成果转移转化，促进科技资源的合理配置方面具有传统技术交易方式不可比拟的优势，将会是未来技术交易市场的主流交易方式。

当前，网上技术交易市场多指狭义的技术交易市场，多是由技术中介组织建立的网上技术交易场所，多提供信息搜索、信息查询、合同备案等服务，通过提供该类服务收取一定比例的服务费用。此类网上技术交易市场既有服务地方的技术交易市场，亦有服务全国地区的技术交易市场，多是提供综合类技术交易服务，亦有少部分网上技术交易市场提供具有行业性、专业性的技术交易服务。尽管网上技术交易已取得一定发展，但相对其他“互联网＋”行业的发展仍相对滞后。

(2) 网下技术交易

网下技术交易是相对网上技术交易而言的，是传统技术交易方式的总称，是指线下实体的、不借助于互联网技术展开的技术交易活动。这种类型的技术交易活动最显著的特点就是技术交易各方面对面地开展技术交易信息沟通、交流活动，这种方式相对于网上技术交易而言，一是技术交易成本偏高，交易的时间成本、信息沟通成本、信息共享成本高昂；二是信息渠道窄，无论是技术供需双方，还是技术中介，在开展技术交易活动时，只能在熟人之间开展，是典型的熟人社会经济活动方式。

现阶段，由于技术交易具有的信息非对称性、经济外部性、契约不完全等特征，纯粹的网上技术交易与网下技术交易并不多见，移动互联网技术的发达已彻底改变人们日常经济生活，在当前及今后相当长的时间内，网上技术交易与网下技术交易的有效融合将成为主要的技术交易方式。

### 1.3.3 技术产权分配形式的分类

技术交易本质上是对交易的技术产权进行二次分配，实现技术产权的让渡，并最终达到技术价值最大化的目的。结合技术产权属性的角度看，技术交易主要的交易方式可以分为以下三种方式。

(1) 产权直接转让形式

技术产权直接转让形式是技术交易早期常见的一种交易方式，多由技术提供方直接将技术作价转让给技术需求方，交易一次性完成。常见的产权转让包含专利权转让、专利申请权转让、技术秘密转让、专利实施许可、技术出售等。技术产权转让具有一次性交易特征，由于技术产权的不可追溯性及外部性特征，机会主义行为在这类交易行为和方式中发生的可能性激增，一定程度上制约了该类技术交易行为的发生。

(2) 产权共享形式

技术产权共享形式是指技术交易双方之间通过共同努力，依托各自资源，合理配置资源，达成技术价值，常见的形式就是以交易的技术为核心，通过成立新企业、新项目组，实现产权的共享。该类方式是近十年来常见的技术交易活动，为更好地实现技术价值，技术供需方以交易技术为核心成立新企业，共同承担技术风险，共享技术价值收益。该类形式多由技术提供方提供技术，技术需求方提供资金、人力、市场等资源，参与双方签订相关股份合约，共同承担相应风险并共享收益。

创新型的产学研模式是这种产权共享形式的代表模式之一，也是技术交易中效果最好的途径之一，包含合作研究、合作开发、合资生产等形式。参与交易的各交易方发挥各自优势，充分利用另一方的技术知识及其他优势资源，弥补自己的不足，通过有效、科学、合理的资源整合，实现技术价值的创造、创新及二次利用。参与交易的技术交易各方共同享有交易技术的产权收益，承担为此投入的各类成本和风险。但在实践中，由于各自组织形式、组织文化等方面的差异及目标的不同，要形成良好的交易合作模式具有一定难度，在管理过程和利益分配方面存在风险和矛盾。

(3) 产权不转让形式

技术产权不转让形式是近年来创新的技术交易方式，是指技术提供方仍持有技术产权，但通过转让技术价值收益换取技术需方在技术开发阶段的投入，其最常见的形式就是技术交易风险投资。在技术价值的实现过程中需要不断投入人力、物力、时间等成本，此类成本对于技术提供方来说往往具有较大困难，在不转让技术产权所有权基础上，技术交易风险投机机构根据技术的成熟度评估技术价值，并投入相应风险资金，在技术价值实现后分配一定比例的技术价值收益。这种通过资本运作，用技术换取市场的提前收益，支撑技术价值的再创造，是最大限度地发挥技术市场价值的有效路径之一。

在“互联网＋”领域，产权不转让形式的技术交易方式最为常见，我国现阶段很多独角兽互联网企业都是依托这种方式实现技术的价值，在此基础上发展壮大。产权不转让形式最大的优势就是技术提供方作为技术产权的拥有者，对技术知识信息的认知、应用等方面拥有全面的信息，在技术需求方不对其应用环境、应用条件等方面做强制性要求时，技术提供方能发挥自己的最大优势，最大限度地发挥技术价值。这种方式多见于一项新技术在市场中的应用，技术的成熟度还有待提高，对于技术需求方来说，其需要承担技术价值实现的风险要远高于其他形式的技术交易。

# 1.4 技术交易市场基本特征

学者们研究认为，技术交易是将技术作为商品进行交换，从技术交易过程来看，交易除具有商品交换的固有属性外，技术还具有以下显著特征：一是交易的不确定性，二是高度的信息非对称，三是外部经济性，四是合约的不完全性，五是交易成本高昂。

## 1.4.1 交易不确定性

交易的不确定性是影响技术交易成功的关键因素，是技术交易的主要风险源，不确定性遍及技术交易的全过程。不确定性是指技术的研究开发和技术创新过程固有的风险所导致的合约当事人共同面对的难以预期的变化（刘学，2000）。对于技术交易中的不确定性的来源，刘学（2000）认为其与技术过程中时间的不可预测性有关，取决于科学技术的性质与过程，又与市场需求结构的复杂变化有关。方世建（2003）则认为在技术创新引发的技术成果初次实现商业化应用的过程中，存在技术研发过程和结果不确定性，市场需求和市场行为主体行为的不确定性，以及经济环境和政策的不确定性。

综合而言，从不确定性的产生源来看，技术交易中不确定性主要源于三个方面：一是技术作为交易客体自身产生的不确定性。主要是指技术自身未来状态的不确定，即技术结果的不确定。这种不确定性的风险是由交易技术的成熟度所决定，技术越成熟，其不确定性小，反之，则会导致无法达成技术的预期目标，进而降低收益，无论是交易方的思想或者行为都无法对其产生影响。二是技术交易环境的不确定性。这种不确定性主要是指交易双方所感知到的外部交易环境的不断变化，涉及交易的法律法规、技术政策、社会经济、技术发展的进程及变化（理查德，Richard，2007）。环境变化引起的不确定性会影响交易方在决策时缺少所需的环境信息、无法判断一定时间后的交易结果，对交易无法做出必要而准确的预判(江旭,2015)。三是合作方的行为不确定性。这种不确定性是指交易方在交易实施时故意隐瞒、伪装、相关技术知识,并做出不利于交易进行的行动和行为,产生投机行为,损害己方的交易收益。

技术交易中产生的各种不确定性会增加技术交易进程中的各种风险,增大技术交易方决策行为难度,难以在合约中描述或定义各方的决策集,故而难以在合约中定义各方的责任和义务,交易方无法达成完备契约(刘学,2000)。交易的不确定性使得交易方担忧在交易中有不确定性发生时损坏己方的收益,会增强自我防御的意识,以避免降低这种风险和损失。然而,过度的防御会疏远双方之间的关系距离,更易诱发交易另一方机会主义行为,左右交易双方未来关系走向,不利于技术交易的进展,从而增加技术交易的交易成本(埃里克松,Eriksson,2003)。

### 1.4.2 信息非对称性

技术交易是具有信息优势的技术提供方,将技术需求方不具备的私有技术信息传递给需求方的过程。信息非对称是技术交易活动发生的前提,技术交易中的信息不对称是指交易一方拥有但不被另外一方所知道或无法验证的信息(刘学,2000;方世建,2003)。技术交易的信息非对称呈现出两种表现:一种表现出交易的事前信息非对称,另一种则是事后信息非对称。此处的事前和事后一般是以技术供需双方签订契约为区分节点。事前信息非对称是指技术供需双方在合约签约前存在的信息优劣状态,包括技术提供方掌握交易技术的成熟度和关键诀窍等,但技术需求方却无法知悉该类信息。事后信息非对称则是指技术供需双方在交易契约执行阶段,己方无法察觉另一方的行动和行为及思想动态,譬如,技术提供方是否已经将交易技术的使用环境、使用诀窍等关键信息完整传递,技术需求方由于自身信息的缺乏,不能做到精准判别。

技术交易活动的签约前的信息非对称会产生交易的逆向选择问题,导致部分高价值的技术不能完成交易;而签约后的信息非对称则容易引发道德风险。技术交易中的信息非对称使得本身含有隐性知识的技术信息在交易中呈现出难以传递等特点，凸显出技术具有的缄默和难验证的困难。技术交易的信息非对称是技术交易活动自身属性，却无法回避，因此，只有以付出最小的交易成本降低交易双方之间的信息非对称水平，逼近技术信息的整体，才能真正意义上实现技术交易的高效率。

### 1.4.3 外部经济性

技术信息是一种无形资产，消费个体对技术的使用并不会影响其他消费者的使用，因而具有一定程度的非排他性。因此，尽管技术产权所有者有专利权的保护，但依旧不能阻止技术效果的外溢，不能限制技术的外部经济，“免费搭车”频现。

一是因为，用于交易的技术并不是都适合通过专利权来实现保护，很多技术秘密，交易者不愿意公布给第三方；第二是因为技术追随者可以通过合法的途径，变相仿制领先者的技术，投机行为的仿制成本远低于交易成本，逐利性驱使产生更多的投机行为，因此，技术的消费仍具有一定程度的非排他性，因而必然会产生“免费搭车”问题。第三是因为同一技术的所有权和使用权可被多个当事人同时拥有，可在不同地域被多个技术需求方同时使用，不受时空的限制。所以，技术交易的外部经济性不可避免。

### 1.4.4 合约不完全性

技术交易活动中，技术供需双方是基于交易契约开展相关交易活动，尽管有时会有技术中介作为第三方参与到交易中，会让交易的流程更规范，让签订的契约更具有可操作性和约束力。但是，由于技术交易中存在的不确定性以及信息非对称属性，导致交易方签订的契约存在或多或少的缺陷，无法达到契约内容的全覆盖。因此，技术交易契约具有不完全性特征。现有研究表明，在交易活动中，三个方面的原因会导致契约的不完全：一是交易方对未来交易不能实现全预见，交易方无法在契约签订前准确预知未来交易可能出现的各种情况；二是要签订完全契约的成本过高，交易方为实现完全契约的签订，需要对契约执行中可能出现的各种事项都进行预判和约定，这时交易成本甚至会高于交易方的收益，这阻碍了交易方的交易信心；三是交易方在契约执行时产生的成本，更多时候交易方的信息是只有交易双方可以观察，但在出现分歧时，第三方（如法庭）很难对契约的某些重要信息进行证实（杨瑞龙、聂辉华，2006；黄凯南，2012）。显然，技术交易活动中，由于技术的高价值性、保密性和不易保护，当交易双方出现分歧时，为保护自身利益，分歧双方都没有将交易信息公布给第三方的意愿，这也就增加了第三方公正的辨别难度，不利于契约执行阶段外部公正和保障。技术交易双方签订的契约是典型的不完全契约。

不完全契约理论主张在不能规定各种或然状态下的权责时，可在自然状态实现后通过再谈判来解决（杨瑞龙、聂辉华，2006）。技术交易中存在的不确定性使得交易方在契约执行阶段开展契约的再谈判无法避免，且这种沟通和谈判通常会出现在契约执行的全过程中。交易方的持续沟通和谈判涉及双方收益的再分配和平衡，是验证双方前期承诺的兑现程度，但由于技术的缄默性和难验证属性，难以准确评价前期的承诺实施结果。因此，技术交易中的契约不完全会导致机会主义盛行，难以实现再次交易，降低技术交易的质量。

### 1.4.5　交易成本高昂

交易成本高昂是技术交易上述特征的必然的逻辑结果。因为交易的不确定性、信息的非对称性会导致技术交易供需方在信息发布、信息搜寻过程中的高成本，导致技术交易双方为达成契约会进行信息正确与否的验证、会考虑各种不确定性，放大交易风险，契约签订成本的高成本；外部经济性会导致技术交易双方在进行技术产权界定以及进行产权保护投入高昂成本；合约的不完全性导致了履约过程的高成本以及交易双方对过程进行监督的高成本，以及第三方做出公正、公平的评断时的高成本。

# 第二章
# 技术交易市场发展历程、现状、趋势及困境

改革开放以来，我国技术交易市场从无到有，迅猛发展，经过各级技术交易市场主体的不懈努力、艰辛探索、创新实践，以及法律法规体系不断完善，市场监管体系已初步形成。经过40余年的发展，我国技术交易市场规模和水平都已有长足发展，市场也逐步成熟，市场活力得以激发，与其他各类经济市场共同构成我国特色社会主义市场经济体系，夯实了我国创新经济体系改革基础。

信息时代，信息数据已成为市场重要的生产核心要素之一。在信息学领域，人们普遍认为，信源、信道和信宿构成了信息传播的基本过程，随着互联网技术的飞速发展，信息数据传播流程并不会发生大的变化，但其市场环境却在时刻变化，必将对信息数据的应用产生重要影响。显然，未来信息数据在技术交易市场广泛应用的基础上，也必将影响着技术交易市场的发展走向。本章在梳理我国技术交易市场的发展历程与发展现状基础上，结合信息时代技术交易市场环境变化趋势，分析信息时代技术交易市场发展面临的主要困境。

## 2.1 技术交易市场发展历程

### 2.1.1 技术交易市场萌芽阶段

学者们普遍认为，我国技术交易市场的起始元年是1978年，邓小平在当

年3月召开的全国科技大会上提出了“科学技术是第一生产力”这一重要观点，解放了多年的知识、技术价值桎梏，科学技术助推经济发展成为可能，技术作为商品进行交易走上历史舞台。1980年8月，沈阳在全国率先成立沈阳市技术服务公司，开展技术交易相关的技术服务活动，具有技术中介属性的组织正式介入技术市场。与此同时，政府开始积极参与到技术交易市场建设中来。在政府的推动下，1982年8月，武汉地区首届科技交易会作为全国第一次技术交易大会，由武汉科学技术服务公司承办，这次交易会共有62所高校、科研院所、企业等交易主体参加，成交技术交易98项，成交金额达220万元。从1983年开始，政府开始通过制定相关法律法规对技术交易市场发展进行指导、引导、调节。1983年3月，财政部、国家科委颁布《关于放宽技术有偿转让收入留用问题的规定》，同年7月，国家科委正式发布《加强技术转移和技术服务工作的通知》。

这一阶段，市场经济改革的思想在各地刚刚萌芽，这个时期的技术交易特征明显，就是技术交易市场主体的技术交易思想尚未形成，参与技术交易的组织和个人都是根据自发需求，自发进行技术交易活动，且大多数技术交易活动都是“浅尝辄止”。绝大多数组织在进行技术交易的时候，往往处于不公开或半公开状态，交易的价格很低，大多是“友情价”。市场中尚未形成专门的法律法规和制度，在合约签订、合约执行时，交易方是根据传统风俗习惯约定俗成，靠自我约束来确保合约的顺利实施，交易方彼此的关系越好，交易越容易顺利实施。这个阶段的技术交易市场规模小，市场成交量低，交易形式简单，交易的技术商品多是成熟技术，市场不确定性因素少。

### 2.1.2 技术交易市场发展阶段

1985年4月，《中华人民共和国专利法》正式实施，同年，国务院成立了全国技术市场协调指导领导小组，技术交易市场的发展上升到顶层设计层面。《专利法》作为第一部以法律形式界定技术商品，规范技术交易市场的法律，标志着我国技术市场正式向规范化、法律化的健全市场体系迈进。1986年，《技术市场管理暂行办法》出台，对技术市场的定位进行了论述，指出技术市场是我国社会主义商品市场的重要组成部分，市场发展的任务就是促进技术商品的流通，推动科技成果的转化与应用。1987 年，《中华人民共和国技术合同法》颁布实施，这部法律的实施确定了我国技术交易市场发展的基本准则，夯实了技术交易市场的法律基础。1992 年，党的十四大报告指出，技术市场是社会主义统一市场的重要组成部分。1993 年，《中华人民共和国科学技术法》颁布实施，我国技术交易市场法律体系框架基本形成。这个时期，我国技术交易市场快速发展，市场规模显著扩大，1992 年，全国技术交易合同成交额突破 100 亿元，达到 151 亿元。1996 年，《中华人民共和国促进科技成果转化法》颁布实施。

2002 年开始，随着我国加入世界贸易组织，我国技术交易市场发展进入快车道。国内外技术交易的合同成交额都呈直线增长。企业作为技术交易主体在市场中的地位越来越重要，社会各界对技术交易市场的概念、发展理念有了正确的认知和理解。2002 年 11 月，党的十六大报告指出，健全现代市场体系，发展产权、土地、劳动力和技术市场。2002 年 12 月，科技部组织召开了全国科技中介工作会议，出台了《关于大力发展科技中介的若干意见》，并确定 2003 年为“科技中介建设年”。2003 年，我国技术交易合同成交额突破 1 000 亿元，达到 1 084 亿元。

这一阶段，技术交易市场逐步发展成为我国市场经济体系的重要组成部分。这个时期的技术交易思想深入人心，相关法律法规体系逐渐建立，技术交易市场主体依据相关法律法规开展技术交易活动，科技体制改革如火如荼，成果显著。技术交易主体规模增长明显，技术交易的形式、内容也呈现多样化趋势，企业正逐步发展成为技术交易市场最活跃的主体，技术交易的质量显著提升。

### 2.1.3 技术交易市场互联网新阶段

21 世纪以来，互联网技术快速发展，技术交易不再仅是面对面的交易，依托互联网技术开展的新型技术交易活动不断涌现，技术交易市场也发展到互联网新阶段。2002 年 10 月，由浙江省人民政府、科技部、国家知识产权局共建的中国浙江网上技术交易市场正式运营。这是时代发展的产物，技术的进步推动互联网的快速普及，也改变着原有的技术交易形式。自此，我国技术交易市场从实体走向网络，先后成立了中国技术市场管理促进中心、北方技术网、国家科技成果网、中国技术市场信息港、中国技术交易网、中国科技交易市场、北京技术市场、广州科技大市场等知名的网上技术交易市场。

党的十八大以来，"互联网＋"产业的发展被提升到国家战略层面，网上技术交易市场更是得到前所未有的重视和发展，随着移动互联网的发展，智能手机的普遍应用，围绕技术产权、技术交易、技术搜索、技术展示等多维一体的移动端技术交易网上市场开始兴起。点开手机 APP，通过一系列操作就可以完成交易，大幅度降低了技术交易总成本。

这一阶段，技术交易市场初现繁荣，呈现出新思想、新方式、新趋势的多种新特征。这个时期的技术交易市场规模快速增长，2016 年，我国技术交易合同额突破万亿，达到 11 407 亿元，技术交易合同额与 GDP 的占比逐步升高。这个时期最显著的特征就是互联网技术在技术交易中广泛应用，发展成多种多样的技术交易形式，线上、线下的交易方式并存，初步构建了有形与无形、线上与线下、网上与网下互联、互动、互补的技术交易市场体系。同时，技术交易市场环境持续向好。为营造良好的技术交易市场环境，政府不断健全完善相关市场法律法规，全国人大先后修订了《中华人民共和国促进科技成果转化法》、《中华人民共和国科学技术进步法》等法律法规，保障了法律法规的实施适用性、可行性、公正性。

## 2.2　技术交易市场发展现状

依托互联网技术在技术交易市场广泛应用，技术交易市场也进入到互联网发展新阶段。截至目前，技术交易市场呈现出规模持续增长，交易方式多样、市场环境持续向好的发展特点。

### 2.2.1 市场规模持续增长，交易质量稳步提升

十八大以来，技术市场通过持续的制度创新、政策突破、体系完善，持续释放科研人员的活力，技术交易效率显著提升，技术要素市场化配置速度加快，技术市场发展环境进一步优化，呈现出中高速增长的发展态势，我国主要创新指标进入世界前列，科技创新水平正加速迈向国际第一方阵，已成为具有全球影响力的科技大国。

同时，我国技术交易市场规模持续增长。一是登记的技术合同成交总额已突破 1.3 万亿元。根据科技部颁布的全国技术市场统计报告显示，我国登记的技术合同成交总额已由 1991 年的 94.13 亿元提高到 2017 年的13 424.22 亿元(如图 2－1)，市场交易总额从千亿规模突破到万亿规模仅用了十三年时间。2003 年以来的 15 年，技术交易额增长平均速度达 20%(如图 2－2)。二是全国年签订技术合同总项已超 36.7 万项，平均每项成交金额超 360 万元。2006 年全国共签订技术合同总项为 205 845 项，2017 年共签订技术合同总项367 586项，增幅达 78.57%(如图 2－3)；2003 年平均每项技术合同成交金额为 40.47 万元，2017 年已达到 365.20 万元(如图 2－4)。三是全国技术合同成交额占全社会研究与试验发展(Research and Development，R&D)经费的比重持续提升。2011 年全国技术合同成交额占的 R&D 的比重为 54.84%，到 2017 年，这一数据已升至 76.25%，增加了 21.41 个百分点。四是技术市场一体化建设成效明显。2017 年，京津冀三地合力打造协同创新共同体，三地共签订技术合同98 189项，成交额为 5 237.08 亿元，同比增长 13.78%，占全国技术合同成交总额的 39.01%；长江经济带 11 省市技术合同成交额为 4 411.55 亿元，同比增长 19.74%，占全国技术合同成交总额的 32.86%；东北振兴战略实施效果逐步显现，技术合同成交额高速增长，达到 779.51 亿元，同比增长 32.54%。市场规模的大幅提升，奠定了我国科技强国的战略发展基础。

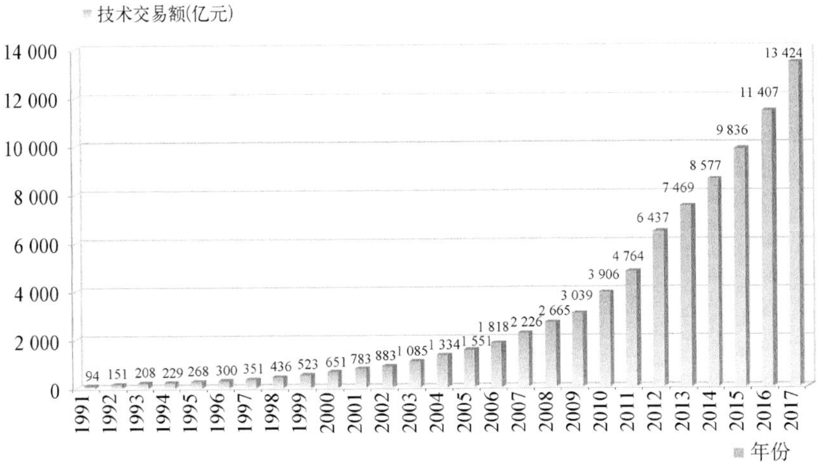


**图 2－1　1991—2017 年全国技术交易成交额情况**

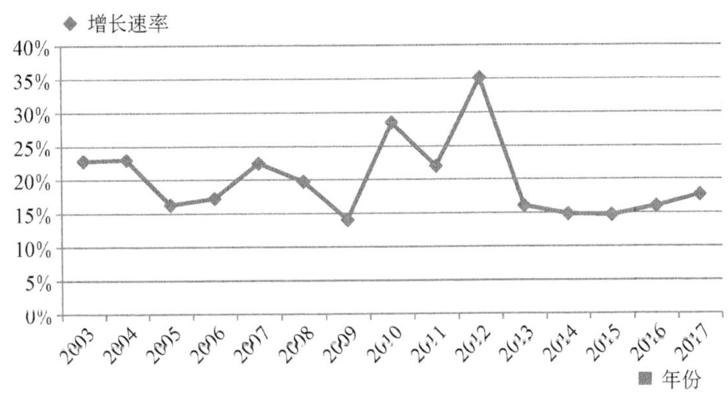


**图 2－2　2003—2017 年全国技术交易额年增长速率**

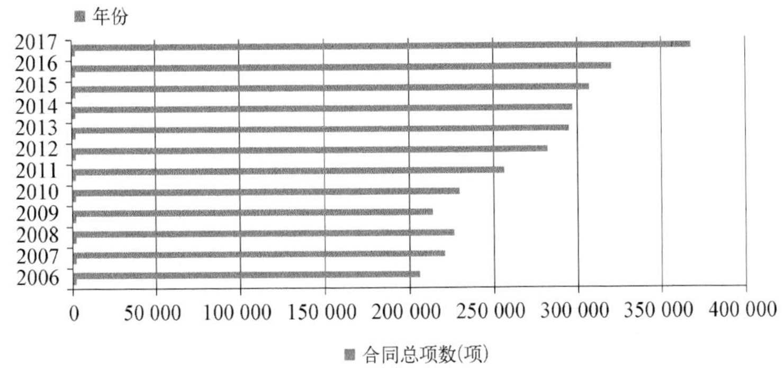


**图 2－3　2006—2017 年全国签订技术合同总项数**

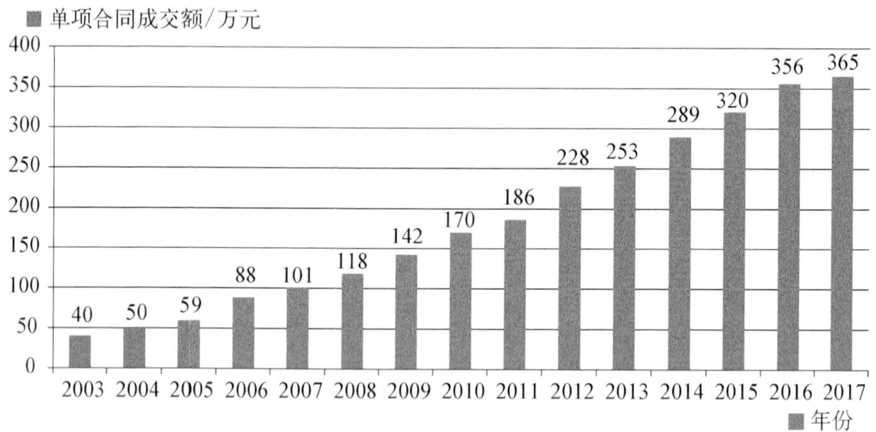


**图 2-4　2003—2017 年全国技术合同平均单项合同成交额**

在技术市场规模稳定增长的同时，技术交易质量也在稳步上升。一是重点技术合同占比交易总额比例较高。数据资料显示，2017 年重点技术合同占比 1 000 万元以上的重大技术合同成交 13 358 项，同比增长 25.33%，较上年增加 2 700 项；成交额为 10 281.40 亿元，同比增长 17.74%，占全国技术合同成交总额的 76.59%。二是境外地区技术吸纳能力远高于技术输出。全年出口到境外的技术 4 445 项，成交额为 1 619.94 亿元，约为引进技术合同成交额的 3 倍，占全国技术合同成交总额的 12.07%；引进境外技术 2 169 项，成交额为 508.02 亿元，同比增长 3.54%，占全国技术合同成交总额的 3.77%。技术进出口主要集中在亚洲、欧洲和美洲地区。三是重大技术合同交易额占比交易总额达 70%以上。2017 年，1 000 万元以上的重大技术合同成交 13 358 项，同比增长 25.33%，较上年增加 2 700 项；成交额为 10 281.40 亿元，同比增长 17.74%，占全国技术合同成交总额的 76.59%。四是高技术价值的交易额显著增长，技术的经济价值在交易中增值。2017 年，专利技术合同成交 15 229 项，较上年增加 5 390 项，成交额为 1 420.47 亿元，同比增长 9.49%；涉及知识产权的技术合同成交额为 5 550.68 亿元，占全国技术合同成交总额的 41.35%。

### 2.2.2　市场主体交易活跃，企业主导地位显著

技术交易市场是由多主体、多要素构成的市场体系，交易主体主要包含技术提供方、技术需求方、技术中介以及承担市场监管工作的政府。其中，技术提供方主要由科研院所、大专院校、企业、中介机构等组成，技术需求方主要由企业、中介机构等组成，随着政府购买服务的增加，政府也正以技术需求方的身份直接介入技术市场相关交易活动中来。早期的技术交易市场中，技术提供方主要以科研院所、企业为主，技术需求方主要以企业为主；现今的技术交易市场中，企业无论是在技术输出还是技术吸纳中都占据着绝对核心地位，发挥着关键作用。

技术交易市场主体的活跃，也推动了技术交易形式的不断创新，技术转让、技术咨询在技术合同中的占比不再独占鳌头，技术服务、技术开发合同呈现持续增长态势。数据资料显示，2017 年，技术服务、技术开发合同成交额位居全国技术合同成交额的第一、二位，分别占全国技术合同成交总额的 50.85%和 35.37%。在交易形式上也呈现多样性特点，诸如技术整合联营交易形式、投资银行＋管理咨询交易形式、联合体技术交易形式等多种新型的交易形式不断涌现，且交易质量显著提升。

十八大以来，随着我国政府“放管服”改革的不断深化，企业参与技术交易的交易成本和运营成本都进一步降低，企业卸掉包袱，轻装上阵，在享受政策改革红利的同时，极大地调动了参与科技创新和成果转化的积极性，主动投入到研发活动前端和成果转化全过程，通过产学研合作、技术集成、技术并购、成立合资公司等方式，集成技术、人才和资本，将企业、高校、科研院所的利益捆绑在一起，企业研发创新的能力和技术转移的效率显著提升。下面以 2003 年和 2017 年两个年度进行统计分析。2003 年，企业共输出技术 518.74 亿元，占全国技术输出总量的 47%，吸纳技术 800.74 亿元，占全国吸纳技术总量的 73%。2017 年，企业共输出技术 11 875.28 亿元，占比 88.46%，吸纳技术 10 312.70亿元，占比 76.82%。截至 2017 年底，全国技术市场中企业性质卖方

机构为 127 889 家，占比达到 87.80%(见图 2-5)。

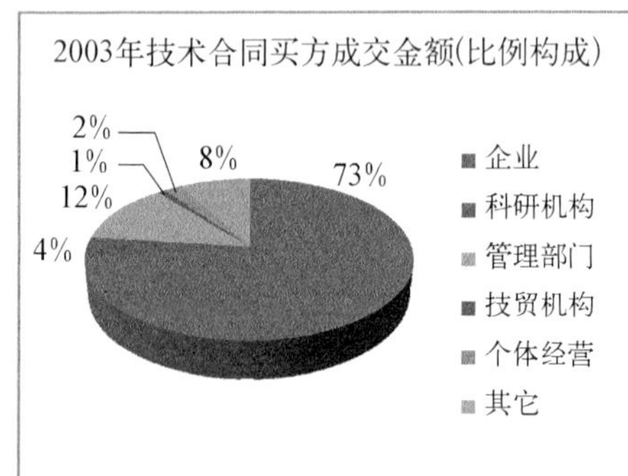


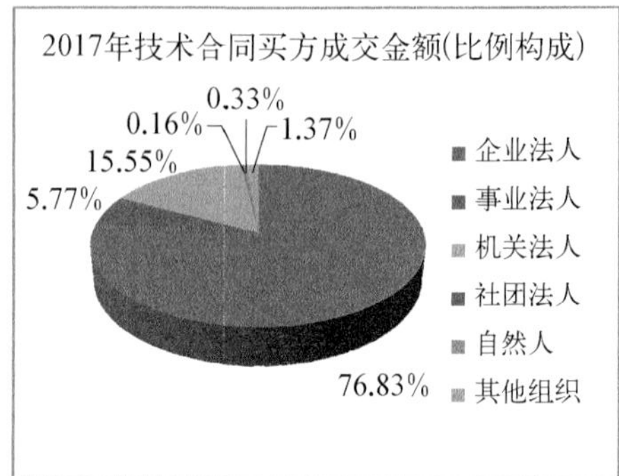


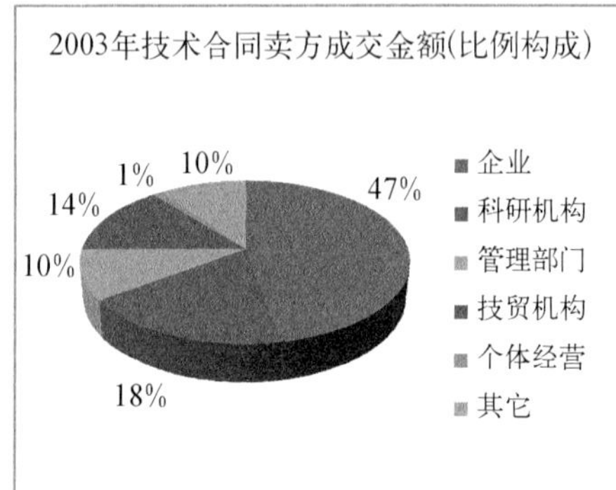


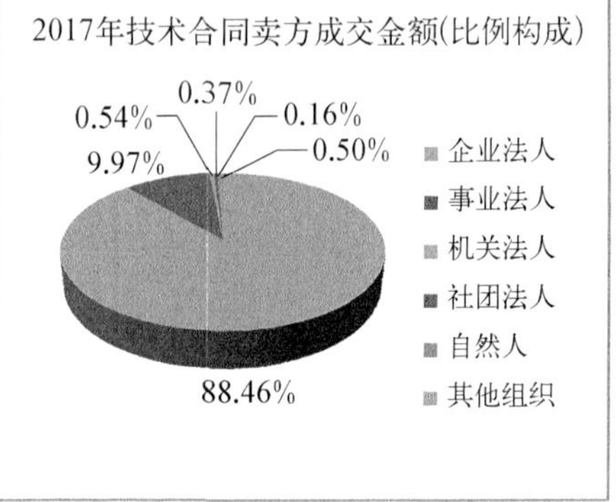


**图 2-5　2003 年与 2017 年全国技术合同买方、卖方构成比例对比图**

高校、科研院所在技术交易市场中主要承担技术输出的角色。2017 年，科研机构技术合同成交额为 866.76 亿元，较上年增加 22.91%；高等院校技术合同成交额为 355.83 亿元，小幅下降 1 个百分点。高等院校和科研机构技术合同成交项数和金额分别占全国技术合同成交总项数和总金额的 28.52% 和 9.11%。2017 年共有 674 所高等院校参与技术交易，较上年增加 124 所，以技术开发、技术转让和技术服务为主要形式，共达成技术合同成交额 355.8 亿元。其中，"211"工程大学技术交易成效显著，共有 98 家签订技术合同，成交技术合同 44 382 项，占全国高等院校技术合同成交项数的 63.60%；成交额为 272.57 亿元，占全国高等院校技术合同成交额的 76.60%。2017 年，科研机构参与技术交易的机构数量为 1 180 家，较上年增加 107 家，成交额为 866.76 亿元，同比增长 22.91%。

政府在市场中更专注于市场监管者的市场定位，政府购买服务体现在各个市场环节中，政府也承担着技术需求方的重要角色。2017 年，机关法人技术合同总量持续增加，共吸纳技术 50 434 项，同比增长 18.32%，成交额为 2 088.42 亿元，同比增长 32.38%，占全国技术合同成交总额的比例居各类法人类型第二位，为 15.56%。尽管政府在技术交易市场中的购买服务体量和数量都不断增长，但企业的核心地位是长期趋势，不会发生重大改变。

此外，技术中介机构也是技术交易市场的重要组成部分。技术中介机构主要包含技术交易所、技术产权交易市场、技术转移中介结构等。以技术转移国家示范机构为例，截至 2017 年底，全国共有各类技术转移示范机构 453 家，全年促成技术转移项目 117 176 项，促成总金额为 1 779.29 亿元。453 家国家技术转移示范机构中，独立法人机构 297 家，其中市场化运作的企业法人机构 154 家，事业法人机构 125 家，社团法人机构 3 家，民办非企业法人机构 15 家。独立法人内设机构 156 家，其中高校、科研院所内设的技术转移机构占八成。

### 2.2.3　市场环境持续向好，政府定位愈发清晰

技术交易市场环境的建立与改善是多方主体共同努力营造的结果，政府的功能作用影响力大，本质上是政府如何处理好政府和市场的关系。政府的职能有政治职能、经济职能、文化职能和社会职能等多个方面。十八大以来，政府在技术交易市场的角色功能越来越清晰，各项管理职能发挥充分，尽管仍有诸多不足之处，总体而言，技术交易市场环境持续向好，公平、公正的市场环境，符合市场规律的市场秩序逐渐建成，市场在资源配置中占主导地位，科技管理部门、发展改革委、法院等部门各司其职，从宏观、中微观层面引导、维持、促进技术交易市场的发展。

**一是积极积极引导技术交易市场的发展**。政府在技术交易市场发展中，适当时候，通过一些政策和行政手段对技术交易活动及技术交易市场的适当干预，弥补市场自由所带来的缺陷；制定相关政策法规规范技术交易的市场行

为;对技术交易市场偏离国家发展计划的行为进行监督和管理;投入资金建立技术交易平台,提供公共服务。法院、仲裁机构、行业协会等第三方监管机构不断创新工作方法,结合技术交易的实际状况及特征,尽可能做到让技术交易中产生纠纷的交易双方感受到公平、公正。

技术交易市场的活力在持续向好的市场秩序中得以不断释放,企业、高等院校、科研院所等技术交易主体积极维护良好的市场秩序,在政策允许范围内,我国技术交易市场中成立了多个技术交易联盟。京津冀技术转移协同创新联盟、中原技术转移产业创新联盟、中国高校技术转移联盟、环渤海技术转移联盟等技术交易联盟先后成立,联盟的成立旨在联盟成员在科技成果发布、技术交流、技术贸易、知识产权服务等方面开展合作,互联互通、优势互补、资源共享。

**二是健全完善技术交易市场相关法律法规,营造公平、公正的市场环境。**改革开放以来,全国人大先后制定、修订多项与技术交易市场发展相关的法律法规。《中华人民共和国科学技术进步法》《中华人民共和国促进科技成果转化法》《中华人民共和国技术合同法》《中华人民共和国合同法》《中华人民共和国专利法》等一系列法律、法规的制定完善保障了技术交易市场的发展的同时,也指导、促进技术交易市场的发展。

1999年10月,《中华人民共和国合同法》正式实施,《合同法》是将原有的技术交易市场涉及的《经济合同法》《涉外经济合同法》《技术合同法》三法统一,更利于技术交易市场的发展。从法律地位上来看,《合同法》是基本法,其法律地位高于单行法的《技术合同法》;从内容来看,《合同法》的适用范围更宽泛,更符合市场经济的发展环境要求,而《技术合同法》是早期的法律,内容方面涉及计划许可实施。《合同法》是我国基本法,是总结了《技术合同法》等相关法律的实施经验,科学地规定了技术作为商品进行交易期间的,交易主体的权利与义务。对激励高等院校、科研院所等技术交易提供方进行技术交易、科技成果转化等方面的积极性具有重要作用,对于技术交易市场的发展具有重要的时代意义。

十八大以来,技术交易市场的发展与创新经济发展越来越紧密,国家层面的法律规划不断完善。2015年8月,《全国人民代表大会常务委员会关于修改

〈中华人民共和国促进科技成果转化法〉的决定》由中华人民共和国第十二届全国人民代表大会常务委员会第十六次会议通过，并自2015年10月1日起施行。

2016年3月，国务院印发《实施〈中华人民共和国促进科技成果转化法〉若干规定》，提出了更为明确的操作措施，强调要打通科技与经济结合的通道，促进大众创业、万众创新，鼓励研究开发机构、高等院校、企业等创新主体及科技人员转移转化科技成果，推进经济提质增效升级。

2016年4月，国务院印发《促进科技成果转移转化行动方案》，强调促进科技成果转移转化是实施创新驱动发展战略的重要任务，是加强科技与经济紧密结合的关键环节，对于推进结构性改革尤其是供给侧结构性改革、支撑经济转型升级和产业结构调整，促进大众创业、万众创新，打造经济发展新引擎具有重要意义。要完善有利于科技成果转移转化的政策环境，发挥市场配置资源的决定性作用，更好发挥政府作用，推动建立符合科技创新规律和市场经济规律的科技成果转移转化体系，促进科技成果资本化、产业化，形成经济持续稳定增长新动力。

2017年9月，国务院印发《国务院关于印发国家技术转移体系建设方案的通知》(国发〔2017〕44号)，提出构建符合科技创新规律、技术转移规律和产业发展规律的国家技术转移体系。这是党中央、国务院首次对技术转移工作进行系统部署的纲领性文件，是统筹指导国家技术转移体系建设全局的行动指南。

此外，地方、行业性的技术交易法律法规也不断完善。我国地大物博，幅员辽阔，各地区风俗习惯、经济发展水平差异较大，依据国家制定的技术交易市场相关法律法规，多个地方政府结合地方发展特点，相继出台了多项技术交易市场相关的地方性法规。如《北京市技术市场管理条例》《江苏省技术市场管理条例》《四川省技术市场管理条例》《江西省技术市场管理条例》《山西省技术市场管理条例》等。此外，地方政府还通过地方性法规推动地方技术交易市场发展，如2013年12月，河南省科技厅联合河南省国税局发布了《关于试点纳税人提供技术转让、技术开发和与之相关的技术咨询、技术服务免征增值税有关事项的公告》，明确了技术交易免征增值税的备案管理程序和相关要求。

科技部作为我国技术交易市场发展指导、协调、管理的主要部门之一，积极引导、规划、协调地方与中央技术交易市场发展的关系。2013 年 4 月，科技部、北京市人民政府共同印发《关于建设国家技术转移集聚区的意见》，决定在中关村正式启动国家技术转移集聚区建设。2014 年 4 月，科技部批复深圳市人民政府《科技部深圳市人民政府共建国家技术转移南方中心方案》，共同推动国家技术转移南方中心建设。2014 年 11 月，科技部批复上海市人民政府《国家技术转移东部中心建设方案》，支持上海市发挥长三角地区中心枢纽、科教资源富集、产业基础雄厚的优势，建设技术转移机制完善和模式创新示范区。同月，科技部批复湖北省人民政府《科技部湖北省人民政府共建国家技术转移中部中心方案》，支持湖北省发挥中部地区枢纽、科教资源富集、创新创业活跃的基础和优势，打造国家级技术转移机制完善和模式创新示范区。2015 年 11 月，科技部批复国家技术转移东北中心、西南中心、西北中心（丝绸之路经济带技术转移中心）、海峡中心建设规划。至此，国家技术转移“2＋N”体系布局基本完成，以国家技术转移集聚区和国家技术转移南方中心为核心的 11 家国家技术转移区域中心构成全国技术市场一体化新格局。

2016 年 1 月，科技部发布了《国家技术转移示范机构评价指标体系（修订稿）》。2017 年 9 月，中华人民共和国国家质量监督检验检疫总局和中国国家标准化管理委员会印发《关于批准发布〈技术转移服务规范〉国家标准的公告》（2017 年第 24 号），标准编号 GB/T 34670—2017，自 2018 年 1 月 1 日实施。

地方性法规的制定明确了地方技术交易市场的管理机构及行政管理职位，明确了地方技术交易市场定位，细化与完善了技术交易市场的管理，为技术交易微观主体的具体的市场行动提供了指导建议。

## 2.3 技术交易市场发展趋势

现今，互联网的广泛普及已彻底改变了我们经济生活方式，基于互联网、大数据大规模协同、价值共享正在走向主流，驱动未来发展的要素资源从物质能源转向信息知识，我们全面进入信息时代（宁家骏，2015）。以信息知识为核心要素资源的信息时代，社会分工正在向精细化和规范化急速转变，企业结构趋向轻型化、扁平化、网络化，各类信息技术对经济决策的直接影响在急剧增强（韩筱璞等，2018）。信息时代的最显著特征就是信息非对称对经济行为的影响在逐渐降低。在民用商品交易市场，由于移动互联网高速发展，技术需求方只需花费相当低的成本就能获取足够的技术信息，传统的技术提供方想依靠信息非对称攫取更丰厚的利益已难以实现，交易总成本显著降低。

在技术交易市场中，当信息技术作为市场配置资源的核心要素时，同样会对市场中的各交易主体行为产生重大影响。与工业社会时代的技术市场相比，信息时代的技术市场仍具有信息非对称、信息不完全、经济外部性、产权易逝性、契约不完全等特征，但这些特征对市场影响却存在不同，必然会改变技术中介、技术提供方、技术需求方等主体的市场功能和市场结构。信息时代，技术交易市场环境已然发生巨变。

### 2.3.1 信息环境裂变

信息时代，信息从生产、传播、接收、甄别等多个环节都已产生裂变。对于以信息知识为交易客体的技术市场而言，信息环境的裂变对主体的微观行为产生多重影响。传统的技术市场中，技术信息的传播大都具有“等级式”信息传播的特点，即信息生产者作为顶层中心节点，经技术中介、技术需求方等各层级组织或个人一层层进行传播，末端节点之间往往缺乏相互通讯的能力。信息时代，各种类型的互联网通信技术显著降低了各级节点的通讯成本，信息的记录、存储、传播的边际成本几近为零，不同层级节点的通讯在技术上与经济上变得可行，信息传播逐渐呈现出网状式的特点，同时，信息传播还具有实时性、匿名性和准确性等特点（王晟，2017）。

信息时代的技术市场，尽管信息传递成本显著降低，但基于技术信息知识的经济外部性特征，在初始的信息发布中，出于自我保护的目的，技术提供方只会发布少量非关键信息，此时的信息传递具有粗传递特点。所谓信息粗传递，是指由于信息发送者与接收者具有不同的知识结构，进而导致信息不能精确传递的情况，人们有时也将信息粗传递称为信息粗交流（昝廷全，2017）。基于经济人的“有限理性”假设，技术市场普遍存在的信息不完全，以及技术能力的势差，囿于此，技术需求方更倾向于根据历史经验行事，根据其他组织或个人的言行决策，甚至根据其他群体中的流言，来调整自己的认知状态与行为决策。信息粗传递的特点会对技术需求方的行为决策产生不利影响。

互联网技术的发达，使得信息传递的成本趋近于零，会让技术提供方发布海量信息，这其中绝大多数都是无用信息，甚至是虚假信息，信息失真成为信息时代技术市场的重要特点，它是信息交换过程中出现的信息错误、偏差、信号减弱或信号加强（逐层加码）的情况。学者认为，经济学中的信息失真源于道德风险，源于代理人与委托人之间的信息不对称造成的隐藏行动和隐藏信息，信息失真主要涉及人的主动行为引起的人为失真，科层组织引起的自然失真等（黄科，2016）。信息时代技术市场中大范围的信息失真是需要信息接收方花费较大成本进行信息筛选、信息甄别，这已成为影响信息时代技术市场发展的重要制约因素之一。

### 2.3.2　技术环境嬗变

信息时代，互联网技术的广泛应用，加快了技术更新的速度，缩短了技术的生命周期。在21世纪的技术发展中，受市场竞争的驱动，技术更新的速度成几倍，几十倍的增长。技术更新指技术发展过程中技术的改进、更换，包括改进产品设计，改进生产工艺和操作方法，改进设备和工艺装备，采用新材料和新燃料等。以智能手机为例，生产商每天都在进行技术的研发和设计，半年甚至更短的时间，新的产品与技术就会面世。在技术市场中，信息技术作为交易的标的物，技术本身生命周期的缩短对交易的顺利进行提出了重要挑战。

技术更新速度加快必然导致技术生命周期缩短。在工业社会，一项技术的生命周期可达数年甚至几十年。在信息时代，一个技术的生命周期短到半年甚至几个月。有学者总结认为，技术生命周期可以分为萌芽期、成长期、成熟期和衰退期四个阶段(张海锋,2018)。进入技术市场进行交易的技术大多处于萌芽期和成长期,如若该技术在技术市场中停留的时间过久,其价值存在急剧下降的可能,甚至会被更新的技术所替代。因此,在信息时代,要实现技术的价值,交易的周期长短会成为影响技术价值的关键因素之一。

### 2.3.3　关系环境渐变

信息时代,由于互联网技术的应用,信息技术成为形塑社会的基础性的力量,其强度与效率超越了其他权力来源,技术逻辑在一些领域已经开始取代社会规制和文化传统的功能,重塑人们认知、交往和行动的框架(喻国明,2016)。移动互联网技术的普及应用,信息技术成为社会资源的核心因素,引发了人与人之间连接方式的革命,使社会资源分配、关系模式呈现出新的特征。

在技术市场中,关系环境出现以下一些变化特征。一是大量随机的"弱连接"在关系网络中发挥桥接作用。"弱连接"是指社会中人们间的泛泛之交,互联网交流的便捷性,有利于使技术市场中的各主体跨越地理、层级、时间等传统社交要素制约,借助互联网平台,打破传统的关系网络节点,以较低的成本建立新的社会关系网络,并获取新的社会资源;参与主体之间的连接穿透时空、阶层,突破现有关系网络,拓展新的社会关系,获取新的网络资源;有利于人们间的信息、资源的共享,推动增大原有信息弱势群体的智慧、与能力的贡献。二是信任机制成为技术市场发展的基石。基于互联网的应用,人与人之间交往更多的依赖信任机制,是基于自愿原则开展的技术交易合作,而不是传统的人情关系和上下级关系,信任机制在这种关系建立中尤为重要。三是权力在关系网络中的分布不均衡分布。信息时代,技术市场中的每个主体都是嵌入在的关系网络中技术市场关系网络中,每个主体连接其他主体的数量和强度不尽相同,必然存在一些网络中心节点(譬如技术专家、知名的科技中介组织等),他们拥有其他节点所不具有的广泛社会资源,技术能力以及市场影响力,其在相关信息的传播规模、传播速度、传播影响力都会产生比其他节点更大的作用,其自然而然处于网络的权利中心,有别于传统的权利层级分布(彭兰,2013)。

## 2.4 技术交易市场发展困境

技术进步推动社会发展,信息时代的到来,技术数据信息已成为市场核心的生产要素,已占据着我国经济体系中重要地位。技术交易市场顺应时代发展需求,围绕技术信息数据这一核心要素,市场外部环境呈现多样性变化,促使市场内生性改革顺势而动。然而,近四十年的技术交易市场发展还有诸多不完善、不成熟的地方,长期累积而成的各类问题与不足,市场难以在短期内实现有效改善。市场交易主体只有正视这些困难与不足,找到制约市场发展的关键因素,才能在信息时代构建成熟的技术交易市场体系。

### 2.4.1 交易主体信任缺失,交易纠纷逐年增长

尽管技术交易总额不断增长,但不可否认的是,我国的技术交易还存在诸多现实难题,导致技术交易履约率处于较低水平,技术交易合同纠纷数量也居高不下。据江苏省高级人民法院发布的《2016 年江苏法院知识产权保护》蓝皮书相关数据显示,2016 年,江苏法院共受理知识产权民事案件 13 449 件,新收一审案件 10 058 件,同比增加 9.6%。其中,在新收的一审知识产权民事案件中,专利权及技术合同类等涉技术类纠纷案件 1 211 件,占 12%。蓝皮书同时显示,自 2011 年以来,江苏省涉技术类合同纠纷案件呈直线增长。学者对技术类合同纠纷案件进行了分析,指出该类案件呈现出以下特点:一是违反技术交易合同约定导致的纠纷,多是因技术提供方提供的技术与合同约定不符;二是合同相关约定不确定,这也是引起纠纷的主要原因,如技术提供方的报酬、支付方式、支付步骤约定不明确等;三是对技术的产权属性约定不清楚,导致在技术的后续价值再创造方面引起的扯皮纠纷;此外,技术交易纠纷案件呈现

出调节率很低的现状，该类纠纷调解率仅为百分之十几，远低于普通的民事案件，原因在于双方当事人对各自的权利边界认知相对模糊，在此情境下，难以达成调解（王燕，2010）。可见，技术交易普遍存在专业性强、易纠纷的发展困境，技术类合同纠纷案件的急剧增长客观反映了我国技术交易效率低下的窘况。随着技术的日趋前沿和复杂，加之技术本身的缄默性和难验证性，客观上降低了履约方的违约成本，易于诱发机会主义。下文的一起技术转让纠纷案件在实践中具有一定的普遍性和代表性，分析该案件可知，引起该技术纠纷的根源还是因上述技术交易中的不确定性、契约不完全、技术的难验证等原因所致。

2016 年浙江省宁波市鄞州区人民法院审理了宁波××制药有限公司与天津市××生物工程科技有限公司技术转让纠纷案件（浙 0212 民初××××号）。该案件技术需求方是××制药，技术提供方是××生物，双方约定××生物向××制药转让××制剂技术，转让价格为 1 480 万元。××制药根据约定，先期支付了 467 万元，但后期由于各种因素，××制剂的技术未能达到双方约定的结果，××制药要求××生物退还先期支付的 467 万元，××生物则认为己方已为该交易投入了相当的人力、物力和财力，退还额应扣除该部分费用，且告知××制药可通过改进生产工艺以达到预期交易结果，但双方未能协商一致，不得已对簿公堂。

该案件陈述中展现出引起双方分歧的原因是，在技术转让实施阶段，由于客观环境及配套设施的不确定引起了技术应用结果的变化，对于这种变化，供需双方的认知和理解并不一致。所以，交易双方在交易中出现不确定时，未能及时对后期合约的进一步调整达成一致，在有可能达成交易结果的情况下放弃了交易，对双方都造成了严重损失。那么，在面对交易过程中出现不确定性等不利影响时，技术供需双方该如何行动呢？上述案件中，若技术供需双方彼此足够信任，就可能会在技术转让过程中考虑自身利益的同时，换位思考，摒弃猜忌，不利用己方的优势信息产生机会主义行为，在技术应用条件发生变化的情况下，及时商讨对策，共享信息，尽可能降低交易不确定性引起的不利影响，最终实现交易的成功。信任是经济活动中不可或缺的润滑剂，无论开展何种交易活动，信任的合作双方能够摒弃猜疑，信任会让合作变得更加顺畅。

技术交易是一个复杂的动态系统，相比较普通商品交易，技术交易具有的信息非对称性、不确定性、缄默性、公共物品属性等专有特征，这种特殊的“商品”交易属性客观上为交易过程中的机会主义和搭便车行为提供了广阔的生存空间，而市场机制不可能自动且有效地消除此类行为，在更多的交易行为中，往往需要交易方之间建立信任，在信任基础上展开交易活动。技术交易实践中，急剧增长的交易纠纷，往往是因为彼此间缺乏信任，对对方总是猜忌、提防、过多防备等，最终导致交易失败，对簿公堂。信任是一种对他人积极预期基础上愿意接受脆弱性的状态（梅耶，Mayer，1995；潘镇，2008）。技术交易具有的技术不确定性、信息非对称、信息不完全等交易特征加剧了技术双方之间信任困难（蒋伏心，2015），交易主体间的信任缺失已是横亘于交易方间进行有效交易的鸿沟。技术交易主体间的信任缺失，交易纠纷的急剧增加已成为制约技术交易市场发展的主要障碍之一，而技术交易方间信任的建立能降低技术交易风险，有助于技术供需方信息共享，有利于科技成果转化的形成（郭强，2012），技术交易供需双方的相互信任能提高两者的互动效应（谢富纪，2006）。

### 2.4.2　数据处理技术滞后，信息共享渠道不畅

信息时代的最显著特征就是技术数据信息成为市场中核心生产要素之一，近几年，依托数据处理技术的发展，越来越多的新兴产业和行业井喷式涌现，通过挖掘数据处理价值不断创造新的经济增长点，并推动提升人类生活质量和水平，整个社会都在分享技术数据处理技术的发展带来的经济、技术红利。市场各类主体已充分认知到大数据处理的经济价值、社会价值，并纷纷进行产业布局，未来得数据者得天下已成为市场共识。当前，在人类生活出行、购物、餐饮、旅游等多个日常应用场景中，数据处理技术已处于领先地位，各类数据收集、存储、分析、预测等数据处理技术发展迅猛。然而，数据处理技术在技术交易市场的发展却远远滞后于上述场景中的应用，数据处理技术的应用尚未能有效降低技术交易市场交易总成本，数据处理价值尚未体现，这既是技术交易市场发展障碍，亦是技术交易市场发展的突破点。

技术交易市场尚未建立面向技术交易的数据处理技术体系。当前，无论是政府，还是技术提供方或是技术需求方对于技术交易数据处理技术体系的建立处于探索阶段，尚未形成有效共识，出于对技术信息的自我保护，以及技术交易的外部性经济特征，市场中各主体对于技术信息的开放相对谨慎，信息孤岛现象普遍存在。信息孤岛是横亘于技术交易数据处理体系建立的主要障碍，有效的数据采集是数据处理体系建立的基础。信息孤岛可以分为物理孤岛和逻辑孤岛，物理孤岛是各行各业对数据各自处理，独立应用，缺乏交流沟通，资源浪费严重；逻辑孤岛是各行业都可能建有具有数据标识规范和标准，缺乏统一标识规范，造成数据处理缺乏逻辑关联。技术交易涉及的技术具有广泛性，涉及多个行业，尽管每类技术信息在进行交易时，其信息披露存在不同，但仍具有技术信息披露共性，以此建立交易数据处理逻辑具有可能性。克服信息孤岛现象，需要政府和行业管理者发挥市场调节和引导功能，与技术供需方、技术中介共推技术交易信息数据编码规范和标准的建立，当前，技术交易主体缺乏信息处理技术的主动意识和意愿。

技术交易信息存储技术、数据分析工具对于技术交易主体而言还具有挑战。技术信息具有海量性特点，数据存储规模巨大，因此要求数据存储系统具有一定的扩展能力，以便增加容量存储数据；同时，数据具有实时问题，技术交易信息要对数据进行即时处理，因此要求数据存储系统能保持较高的响应速度。当前，我国尚未有专门针对技术交易建立的技术信息存储库，适合的存储技术和分析工具开发相比于其他行业而言相对滞后，技术层面上制约了我国技术交易数据处理技术的发展。

技术信息数据展示是大数据处理流程的最后阶段，也是数据处理应用和价值体现的最重要的一个阶段，主要通过图形清晰有效地表达数据。数据的有效展示可以帮助技术交易主体们分析大规模、多样化、价值密度低的数据并辅助决策。技术交易活动中，有效的数据展示可以降低技术提供方的信息披露成本，降低技术需求方的信息甄别成本，降低交易总成本。当前，技术交易市场对于技术信息数据展示处于探索初级阶段，提供信息搜索是数据展示的主要产品，而创新性的交互性、可视化数据展示方式和产品并不丰富，且不成熟,还不能为交易主体决策提供有效支撑,数据处理在技术交易市场中的应用优势尚未充分展现。

信息处理技术体系建设的滞后,致使技术交易主体间的信息共享渠道不畅。信息共享是实现技术交易质量的关键,是主要路径。信息共享的实现既需要交易主体间的主观信任,还需要具备信息共享的技术条件。信息处理技术体系建设的滞后,使得市场中缺乏先进、覆盖面广、处理速度快的技术交易数据库,没有数据库,信息共享就只能在点对点的层次实现,只能在签订技术交易契约的技术供需方之间进行,难以实现面对面层次的信息共享。而降低信息共享成本,拓展信息共享渠道是技术交易市场信息处理技术发展的本质需求之一。

### 2.4.3 技术中介参与不足,市场功能作用有限

技术中介是以法律法规为依据,以技术为商品,以推动技术转移、转化和开发为目的,在创新主体、创新源及社会不同利益群体之间,发挥桥梁、传递、纽带作用,面向社会开展技术扩散、成果转化、技术评估、创新资源配置、创新决策和管理咨询等专业化服务的组织机构(梅强,2010)。技术中介是市场分工优化的产物,技术中介作为技术提供方与技术需求方之外的第三方参与市场分工,可以有效解决技术交易市场中普遍出现的信息非对称、不确定等因素引起的不利影响,有利于突破技术市场中的信息障碍,弥补市场失灵,技术中介的出现降低市场交易费用,能提高市场效率,提升社会总福利(刘学,2000)。然而实践中,技术中介组织普遍存在市场参与不足、创新乏力、发展滞缓等问题,其应有的市场功能作用不能充分发挥;市场中,企业、高校、科研院所等技术供需方与技术中介的互动状况不佳,对技术中介的服务认可度不高。技术中介参与技术交易市场发展意愿不足,动力不强,成果不佳的原因是多方面的,主要涉及以下三个方面。

一是技术中介市场主体意识欠缺。学术界普遍认为,技术中介是市场分工优化的产物,可以弥补能够改善、调整技术市场中技术供方与技术需方之间

的信息距离、能力距离，提高科技成果转化的成功率。本质上，基于信息非对称，技术供需方之间信息渠道不畅，技术中介可以将潜在合作伙伴的技术信息、组织信息等具有甄别价值的信息传递给技术供需方，为技术提供方和技术需求方提供潜在合作伙伴的相关信息，降低技术供需方的合作伙伴搜索成本。但实践中，技术中介常自我设置交易的边界，只是简单的“穿线搭桥”，难以深入融入技术供需双方的交易过程中，并认为自己只收取价值较低的交易服务费，没有义务和责任提供更为广泛的交易服务，导致技术供需方的不满，交易陷入恶性循环。

二是技术中介有关交易信息数据处理技术的滞后。基于数据处理流程的认知，学术界普遍认为，数据处理基本可以划分为数据采集、数据预处理、数据存储与管理、数据分析与数据展示 5 个阶段，即利用 Flume、Splunk 等工具从数据源采集数据，用 DataStage 等进行预处理，为后继流程提供统一的高质量的数据集，然后将这些数据使用 SQL、NoSQL 等数据库技术进行集成和存储，分门别类地进行放置，再使用合适的技术对其进行分析挖掘，并将最终的结果利用可视化技术如 Tableau、Qlik 等展现给用户(陆泉，张良韬，2017)。技术中介作为信息的撮合方，对于信息数据技术在技术交易中的应用认知不足。在技术市场中，绝大多数的技术供需方最基本的需求是答疑解惑，这部分的信息数据是海量的，如何根据数据处理流程，研发适合的技术交易数据平台是今后技术中介需要重点突破的技术瓶颈，也是技术中介发挥其市场重要第三方功能作用的基础。

三是技术中介市场创新不足。我国幅员辽阔，各地科教水平、经济结构、社会发展差异较大，致使各地技术中介发展不均衡，且普遍存在市场创新不足，交易形式单一、职能交叉、结构不合理等诸多问题，市场中从事技术评价、代理、融资及市场调查等方面的技术中介机构相对缺乏。相当多的中介机构存在服务手段落后，服务能力不强，商业信誉差等问题。从事初级、单一中介业务的人比较多，而参与系统、深入业务的人相对较少。

# 第三章
# 技术交易市场理论发展及趋势

技术创新是市场经济体系发展建设的关键，与之相关的研究一直是学术界的研究热点。其中，促进技术交易市场发展，加速科技成果转移转化的机制体制和政策的理论研究与技术交易市场实践发展紧密相关，学者们在技术交易的交易特征，技术交易市场形成与发展，技术交易影响因素，技术交易市场管理，技术中介特征与发展等领域展开了丰富且卓有成效的研究和探讨。学者们运用经济学、社会学等学科理论，拓展了信息非对称理论、交易成本理论、社会交换理论等理论知识在技术交易市场的应用研究，夯实了技术交易理论研究基础。综合而言，学术界已初步形成“交易特征—交易成本—交易效率”这一技术交易研究理论范式，在此基础上，学者们结合各自研究领域特点，借助各种研究方法，丰富理论探讨，拓展实践研究，研究成果丰硕。

## 3.1　技术交易研究主要理论

### 3.1.1　信息不对称理论

（1）信息不对称理论的兴起与发展

伴随着信息经济学的蓬勃发展，信息不对称理论作为该领域中最重要的核心内容，受到学术界的普遍关注。新古典经济学认为，生产者和消费者拥有充分、对称的信息，市场会在亚当·斯密(Adam Smith)“看不见的手”的作用下达到供给和需求的平衡，实现有效的资源配置，其假设的基础是生产者和消费者根据完全公开和对称的市场信息做出正确的判断。然而，在现实生活中，这种完全竞争模型的完备信息假设往往不被满足，这也表明，信息不对称现象在社会经济生活中广泛存在。1949年诺贝尔经济学奖获得者哈耶克(Hayek)在《知识在社会中的利用》一文中首次对传统微观经济学理论中的完备市场信息假设提出挑战，同时在其论述中明确提出，市场中的信息是非充分和对称的。其后，马沙克(Marschak)、西蒙(Simon)、斯蒂格尔(Stigle)等经济学家扩展并充实了这一领域，奠定了信息不对称理论研究和发展的科学基础。自此，学术界开始对信息不对称的问题进行持续、系统的讨论，其中以20世纪70年代美国经济学家阿克洛夫(Akerlof)、斯宾塞(Spence)、斯蒂格利茨(Stiglitz)三人为杰出代表，他们分别从商品交易、劳动力市场、金融市场等多个领域对信息不对称现象进行了深入的研究，并架构了“柠檬市场理论”、“信号发送理论”以及“委托代理理论”等微观信息经济学的基础理论。也正因此，三位经济学家在2001年被授予诺贝尔经济学奖，信息不对称理论也成为近二十年微观经济理论最活跃的研究领域。

信息不对称理论认为，在市场经济活动中，由于分工和专业化，市场参与者对于另外一部分参与者具有某种信息优势，即市场交易双方信息分布不对称；信息优势方处于天然的有利地位，并利用这种信息优势“剥削”信息劣势方，进而在市场经济活动中产生“逆向选择”和“道德风险”两种行为结果，降低了市场运行的效率，并最终导致市场的失灵。因信息不对称导致的市场失灵是信息不对称理论的研究假设基础，也是该理论的基本内容。

信息不对称理论的研究目标是要解决市场经济活动中因信息不对称产生的逆向选择、道德风险等问题。经济学家将经济活动中的契约签订视为一个关键事件，契约签订之前的信息不对称问题称为“逆向选择”，签订之后的信息不对称问题称为“道德风险”。Akerlof以二手车市场为例解释了何为逆向选择及其危害。在二手车市场中，由于买方难以获取所交易二手车的实际有价值的质量信息，为攫取更大的收益，卖方会以次充好。交易的结果是，买方会以平均质量定价，但却买到了平均质量以下的二手车，导致整个二手车市场充斥了质量低下的二手车，质量好的二手车被迫退出市场，市场上二手车平均质量随之下降，市场逐步萎缩瓦解。因旧车质量的信息不对称引发买方的“逆向选择”所导致的直接后果就是“劣车驱逐良车”。在这种情况下，买方只能以平均质量定价，于是低质量的产品将会把高质量的产品驱逐出市场，从而导致市场的萎缩和社会福利的损失。

“道德风险”是指在双方签订契约之后，由于信息分布不对称，使得合同一方行为难以观察，从而导致产业道德风险，它也同样会导致市场的低效。例如在保险市场，买了车险的车主，经常随便停靠或开车不再那么谨慎，因为在他看来，若车子被碰擦，保险公司会来理赔；同样，买了医疗保险的人会让医生多开一些不必要的药品。这些行为被称为道德风险问题，同样给保险市场运行效率带来不小的影响。

林毅夫(2006)等学者的研究表明，信息不对称的存在不仅影响市场的繁荣，也不利于知识产品的定价，会导致市场研发投入的降低，进一步阻碍本国知识的增长。而知识增长率对于国家的长期经济增长率具有决定性影响，所以，信息不对称导致的知识创新障碍最终会影响国家的经济增长率，会降低国家的社会总福利，因此，社会会内生出一些制度安排来解决信息不对称的影响，进而促进国家的经济发展。

(2) 技术交易中的信息不对称

技术交易中的信息不对称是指交易一方拥有但不被另外一方所知道或无法验证的信息(刘学，2000；方世建，2001)。根据技术交易的发生过程，以签订交易契约为节点，技术交易的信息非对称可分为事前的信息不对称和事后的信息不对称。事前的信息不对称是指双方在交易准备阶段存在的信息不对称，比如技术提供方知道交易技术的先进程度和创新点等，而需求方则无法完全知道。事后的信息不对称，是指交易实施阶段，一方不能完全观测到对方的行为，比如技术提供方是不是已经将所有的技术经验、诀窍等转移给需求方，需求方无法准确辨别。事前的信息不对称会导致逆向选择，从而使得具有真正高价值的技术交易无法实现；事后的信息不对称会产生道德风险，道德风险是指一个没有受到完全监督的人从事不诚实或不合意行为的倾向，道德风险的存在会增大技术转移活动失败的概率。

刘学(2000)指出，信息的不对称性对技术交易的产生、技术合约的履行都具有特别的意义。首先事前的信息不对称是技术交易需求产生的基础和前提。技术价值的核心是知识，是可以操作、可以创造价值的知识，即信息。显然，如果在签约前，需求方已经掌握了技术提供方拥有的核心技术信息，双方拥有共同的信息，那么需求方就不会产生购买欲望。其次，事后的信息非对称则决定了达成技术交易合约和履约的难度，即交易成本的高低。

根据对技术交易中信息不对称的认知，以及信息不对称理论的理解，本书认为信息不对称理论是研究技术交易所必须依据的基础理论。因为，信息不对称既是技术交易发生的基础，也是技术交易成本高昂的制约因素。要提升技术交易效率，必然要探索如何降低技术交易的交易成本水平，降低信息不对称所引起的影响是关键路径。此外，本书从信任视角研究技术交易效率的提升，必然会研究机会主义行为与信任的内涵，根据信息不对称理论，机会主义行为是信息不对称理论的核心概念之一，而机会主义行为产生的主要原因就是源于信息的不对称，这也是技术交易的关键特征，所以，信息不对称理论的研究基础和方向是与技术交易特征是相吻合的。因此，信息不对称理论是本书研究的主要理论基础之一。

### 3.1.2 交易成本理论

交易成本(Transaction Costs)是新制度经济学最具理论基础意义的范畴和分析工具。科斯(Coase)最早“发现”了交易成本，交易成本作为新制度经济学的核心概念是在其1937年发表的《企业的性质》一文中被首次提出的，他指出，利用价格机制是有成本的，这种成本就是交易成本。之后，交易成本的概念被广泛应用于经济学、社会学、政治学等学科领域，正如张五常所言，“只要不是鲁滨孙世界，就必然存在交易成本”。继Coase之后，对交易成本理论做出了巨大贡献的主要是威廉姆森(Williamson),Williamson 是交易成本理论集大成者,他对交易成本的具体内容和形式进行了研究,提出了具有自我意识的个人行为假设前提,提出了关于资产专用性的假设前提,建立了现代企业理论的雏形等(牛晓帆,2003)。

究竟什么是交易成本呢? Coase 认为利用价格机制存在一个成本,即交易成本。Williamson 则认为,交易成本是获得准确的市场信息所需要付出的费用,包括谈判和经常性契约的费用、发现交易对象和交易价格的费用、讨价还价的费用、订立交易合约的费用、执行交易的费用、维护交易秩序的费用等。诺斯(North)认为,交易成本由衡量所交换物品的价值属性的成本、保护权利的成本亦即检查与实施合约的成本组成。张五常把交易成本看作是一系列制度成本,其中包括信息成本、谈判成本、起草和实施合约的成本、界定和实施产权的成本、监督管理的成本和改变制度安排的成本。林毅夫认为交易成本包括直接成本和间接成本,直接成本包括为获取契约各方所需信息的费用,各方谈判、就契约协议达成一致的费用,把所有规定传达给有关各方的费用;间接成本包括多方介入所引致的机会主义行为会产生间接费用,它包括监督和实施契约条件的费用以及不履行契约所带来的产出损失所造成的费用(刘锡田,2006)。杨小凯(1999)认为,交易成本分为外生交易成本和内生交易成本,外生交易成本是指交易双方在决策前就知道其成本;内生交易成本又分为广义交易成本和狭义交易成本,广义的内生交易成本是指该种交易成本的水平要在决策之后才能获得,它由交易频次和每个交易的成本之积决定,狭义的内生交易成本则是指“机会主义行为使分工的好处不能被充分利用或使资源配置背离帕累托最优”,它可运用博弈工具进行阐述。

交易成本理论认为,各种制度安排、契约形式的存在和选择都是为了实现交易成本的最小化。机会主义是交易成本理论研究的核心概念之一。所谓的机会主义行为是指人们在交易过程中不仅追求个人利益的最大化,而且通过不正当的手段来谋求自身的利益,诸如有目的和有策略地提供虚假信息,利用别人的不利处境施加压力等(袁庆明,2004)。Williamson 在此基础上提出了“契约人”假设,“契约人”与“经济人”假设最大的区别在于,“契约人”表现为有限理性和机会主义倾向,而有限理性和机会主义倾向是导致交易成本的根源。人的有限理性和机会主义行为的存在,导致了交易活动的复杂性,交易成本增加,但对交易成本的具体影响还取决于具体交易过程的特点(袁庆明,2004)。此外,Williamson认为资产专用性、不确定性、交易频率以及潜在的交易对手数量是交易成本的重要影响因素,这些因素决定了"交易—契约"的方式以及契约关系中应采用的规制结构。

减少交易成本的核心思想是在于最适应原则而非最大化原则。在现实经济生活中,由于有限理性以及外部环境的影响,契约人完全没有能力选择利益最大化的方案,于是,退而求其次的选择就是选择适合自己的方案。对于降低交易成本的途径,新制度经济学派提出了诸如自我实施合同、订立不完全契约、调整公司治理结构等正式制度安排。另外,他们还意识到由正式制度安排所不能解决的问题,如道德风险、信用风险、机会主义等问题,这就需要诸如意识形态、文化等非正式制度来发挥降低交易成本的功能(杨悦,2004)。

Williamson等经济学家认可信任在市场中的存在,认为信任是经济生活的润滑剂。但Williamson同时又认为,信任是基于理性的计算型信任,在人的自利本性面前,它十分脆弱,甚至认为这种信任可能带来更大的风险,因为单方的信任恰恰让机会主义行为大行其道,使信任的一方付出更大的代价。因此,Williamson用层级制整合组织这一特殊的制度安排代替信任作为规范经济秩序的关键。Williamson的这种观点并未得到大多数学者的认可,North(1994)认为,在人们的信息和计算能力有限的条件下,人们之间的相互信任降低了人们相互作用的交易成本。尽管学术界对于信任的负向功能未达成一致,但信任能够降低交易成本却已是共识。

运用交易成本理论来研究技术交易市场的相关问题是可行且有效的。因为,第一,交易成本理论主要研究个人的有限理性、机会主义、信息成本等,这也是技术交易所具有的典型特征;第二,交易成本理论主要研究核心之一是机会主义行为,机会主义行为是由信息非对称引起的,这也是技术交易发生的原因;第三,根据Williamson的观点,机会主义对于涉及交易专用性的人力资本和实物资本投资的经济活动尤为重要,而技术交易正是资产专用性程度很高的交易(刘学,2000)。可见,技术交易的特征是完全符合交易成本理论运用的相关前提假设,因此,交易成本理论是研究技术交易市场中相关问题的重要基础理论之一。

### 3.1.3 社会交换理论

社会交换理论(Social Exchange Theory)兴起于20世纪50年代后期,它是用经济学、社会学和心理学的理论从微观视角来研究人类的互动行为。它重点研究人们之间的社会交换关系,认为人们之间的社会交换是一种理性的,会计算得失的资源交换,是建立在公平和互惠社会规范基础之上,行为人更关注长期利益,而非短期利益。而且,若交换双方的预期回报都得以实现,这种交换关系就会强化双方的社会情感纽带,成功的次数越多,关系强度就越大(陈华珊,2013)。社会交换理论的发展起源于霍曼斯(Homans)的行为主义交换理论,发展于布劳(Blau)的结构主义交换理论,成熟于凯莱(Kelley)与蒂鲍特(Thibaut)的认知交换理论,完成了一个类似于心理学进化轨迹的从行为主义到认知心理学的发展路线(孙庆明,2009)。

Homans认为社会交换行为规律与经济学中的交换原理是一致的、普遍存在的,是维持人际互动和社会稳定的基础,个体能够理性地追求最大利益。周志娟(2009)总结认为,Homans交换理论是将心理因素纳入到社会交换中,改变了纯经济利益的经济人假说,重新恢复了人的主体性,其中涉及人类社会的六个命题:成功命题涉及个体行为与利益支配的关系;刺激命题与心理学中的行为主体刺激泛化相关;价值命题指出了价值的重要性;剥夺—满足命题则是边际效用规律的体现;攻击—赞同是情感的表现;而最重要的理性命题则可以用一个数学公式概括,即行动发生的可能性=价值×概率,该总结充分阐述了人的理性思维特征。

Blau(1964)对宏观社会结构中的社会交换进行了大量研究,认为社会交换使参与交往的各方都期待着他人的回报,一旦他人停止了所期待的回报,这一交往关系便会中止。这一特征也与经济学中"经济人"的理性选择不谋而合。Blau将社会交换理解成是一种建立在相互信任基础上的自愿性活动，是受互惠和公平两大基本社会规范所制约的；行为人都期望以最小的成本获取最大的交换利益，且任何一方的违约行为或分配不公平将会导致互动行为的中断或终止，理性选择和公平原则是交换顺利进行的保障（赵云云，2012）。Blau认为在社会交换过程中，双方相互的责任度越高，社会交换关系就越稳定，双方从交换关系中获利的可能性就越大（刘小平，2011）。Blau从微观领域概括出基本的交换过程，即吸引、竞争、分化、整合与冲突，以此为核心，形成了考察包括宏观现象的所有社会过程的基本分析框架（赵云云，2012）。

Kelley & Thibaut的认知交换理论吸收了Homans行为主义交换理论中的合理成分，并引入认知心理学的内容加以融合，运用互动矩阵研究法对两人交换行为中的相互依存状况进行分析，构建了独具特色的认知倾向的社会交换思想，其首创的交换互动矩阵分析研究法是对社会学和社会心理学的重要贡献。认知交换理论在社会心理学的应用领域提供了一种强有力的研究框架，这一框架不断地被更多的人应用于研究谈判与交易、合作与竞争、权力与依存以及人际间的信任等方面（孙庆明，2009）。

综合而言，社会交换理论强调人类的理性、相对利益的衡量、互惠的交换模式，它由行为主义的观点切入，从单个企业的行动结果来检视组织间合作网络的决策与行为过程，并对影响组织间关系的社会行为做出解释。社会交换理论最适宜分析组织间关系中经济学理论无法解释的信任、承诺等关系，如今已被广泛地应用在探讨组织间关系式交易、关系营销、知识转移和知识分享等领域（李元旭，2010）。

Blau对经济交换和社会交换做了详细的区分，部分学者在此基础上进行了补充完善。龚天平总结认为，相对于社会交换关系，经济交换关系特征显著：一是其交换的内容主要涉及商品、劳务和其他生产要素，而诸如政治利益交换、文化交流、宗教交流等多种交换形式不属于经济交换范畴；二是它普遍受到各种形式契约的严格规范，成文或不成文、正式的合同或随意的口头商定、甚至民间惯例等各种形式的契约，构成其基本导向或指南，但社会交换因为并无类似的严格规定而显得相对随意，交换双方的行为不受明确的权责或义务条款限制；三是它讲究公平交易、等价交换，卖方的付出必须获得相应的、比例基本相当的金钱或物的回报，社会交换中的主动给予方虽然一般都期望得到回报，但受者的回馈是随意的，并无绝对的义务给予相等价值的回报（龚天平，2015）。结合技术交易的特征，普遍的技术交易活动是比纯粹的经济交换关系更为复杂，更符合社会交换关系的特征。

在 Blau 看来，界定和区分经济交换与社会交换的重要意义在于，信任仅仅产生在社会交换中；经济交换中交易的直接性和合约的确定性，使得信任变得不那么重要和显著。社会交换的观点聚焦于信任的不断变化的动态特征，成功的社会交换过程会使双方对机会主义行为的预期降低，从而有利于信任的产生。因此，社会交换的视角很好地解释了为什么在信任存在的关系中，一方会舍弃对另一方行为的监控，而不是施加更多的监控（严进，2007）。

因此，在社会交换关系的前提下，人际间互动是以长期的回报与信任来影响人际间的关系，当信任者发现他人信任自己，则信任者也会以信任作为回报，相对于那些有意破坏信任关系与不信任自己的人，则信任者也会回报以不信任。社会交换关系理论提供了人际间信任理论的基础，只有通过社会交换才会产生个人的责任感与信任感（陈华珊，2013）。技术交易中的技术供需双方如果想要获得长期利益，必须以实际行动来履行应尽的义务来证明自己值得被信任，就是在这种周期性和逐步加强的基础上产生了信任。

技术交易中主体关系适用于社会交换理论，原因有三个方面。一是越来越多的研究表明，经济交换呈现出一定的社会性特征。一定程度的相互信任也是经济交换得以发生的基础。如果缺乏信任，每一次交易双方都必须获得了必要的监督保证之后才能进行，交易成本会大大提高，甚至难以达成交易。格兰诺维特（Granovetter）的嵌入理论就是社会交换理论的信任发展研究。二是现货契约不可能成为组织间关系的一种普遍治理机制，也无法在企业间广泛应用，我们很难想象企业间的交易和合作都是“一手交钱、一手交货”，并且充满了各种严密的监督和控制。社会交换的双方付出和获得往往并非同时，交换双方不需要或不一定能做到立即兑现回报，社会交换行为是一种长期感情投资，需要较长的时间培养。三是技术的不确定性和不可观察性等特性，关键是交易双方信息的不对称性决定了信任因素的重要性。从社会交换理论来看，在技术交易供需双方建立长期交易的过程中，双方并不急于即时获得对方的回报，而是期待从长期关系中受惠。

### 3.1.4 研究理论述评

技术交易行为的发生是源于技术提供方拥有技术需求方所不具备的信息，信息非对称是技术交易的基础，信息的非对称导致技术交易特征有别于普通的商品交换。早期的研究从技术视角思考交易特征存在一定的片面性，以Bozeman、Tietze、刘学等为代表的学者一致认为技术交易是技术从提供方到需求方转移、吸收并加以运用的过程，其过程复杂、持续时间长，应从过程视角剖析交易特征。信息非对称性、公共物品属性、产权的易逝性、契约不完全、交易成本高昂都是技术交易的重要特征，这些特征对技术交易主体行为和市场运行都有着重要影响。为降低甚至消除这些特征引起的交易不利影响，学者们运用阿罗—德布罗范式(一般均衡理论)、博弈论、委托—代理理论、交易成本理论、社会交换理论尝试分析上述问题。综合而言，运用交易成本理论解决技术交易相关问题是合理且有效，因为交易成本建立的基础与技术交易的特征比较吻合。

Coase在1937年发表《企业的性质》一文中指出交易成本的存在，并认为交易成本会造成资源配置无法达到最佳。Williamson(2016)认为由于经济人的“有限理性”和“机会主义”的特征会带来交易风险，为降低交易风险，交易者会收集相关交易信息，配置更多资源用于契约谈判与制定，监督和保障契约的执行，这些付出的成本就是交易成本，而如果该项成本超过交易成功可能带来的剩余增加，则会放弃交易。交易成本理论的发展中，学者们形成一些比较一致的观点：① 机会主义是交易成本理论研究的核心概念；② 机会主义对于涉及交易专用性的人力资本和实物资本投资的经济活动尤为重要；③ 信息的有效处理是交易成本理论的一个重要概念。这些观点与技术交易特征比较契合，而且交易成本理论所致力解决的问题与技术市场的问题也是吻合的，因此，在交易成本理论基础上解决技术交易相关问题已成为技术市场研究的重要研究范式。学者们已运用交易成本理论，对技术市场的契约签订、契约履行、技术交易与企业创新绩效等问题进行系统分析，加深了对技术市场运行机制的认知，已初步形成“交易特征—交易成本—交易效率”的技术交易理论发展趋势。

## 3.2 技术交易市场研究综述

技术的日新月异缩短了新技术的生命周期，将技术作为商品进行交易已然成为社会经济生活的重要环节，技术交易研究的学术关注程度持续升温。笔者梳理文献，发现技术交易的研究主要集中在影响因素和效率测度两大领域。关于影响因素的研究，现有文献已从交易主体、交易客体、交易机制和制度环境等四个维度展开深入研究，并运用 DEA、SFE 等方法，选择主观或客观数据为指标评价技术交易效率，以评估单个或多个因素的具体影响结果。综合而言，现有研究成果已为技术交易市场的发展奠定了扎实的理论基础。

### 3.2.1 技术交易研究基本概况

技术交易是将技术作为商品进行交易的活动，是对技术的所有权或使用权进行让渡，是一种特殊的商品交易。技术交易有利于让技术这种特殊商品得到更高效的资源配置，让市场充分发现科技的价值，促进科技成果更快地向商业转化。由于技术交易（Technology Trading）与技术转移（Technology Transfer）具有诸多相似特征，国外学者往往将两者均纳入到技术转移研究体系，多用技术转移替代技术交易开展相关研究。国内学者则认为两者是具有紧密关系但又有不同含义的概念。技术转移是指技术从技术提供方向技术需求方转移的过程，既有可能是产权的有偿让渡，也可能是无偿转让，产权的有偿让渡即是技术交易，无偿让渡可以理解为技术援助（张士运，2014）。因此，技术转移的研究范围更为宽泛，技术交易是一种具有特殊属性的技术转移形式。

为准确研究和分析技术交易研究的趋势，笔者以美国科学研究所 SCI 数据库（Web of Science）为数据库检索平台，以“technology transfer”和“performance”为主题关键词进行检索，检索日期为 2017 年 6 月 12 日，共检索到 2001 年以来文献 672 篇。统计论文年收录数量，结果显示自 2010 年以来，文献数量增幅明显，仅 2016 年被 SCI 数据库收录的论文数量就达 87 篇，是 2010 年收录数量 2 倍多，具体变化如图 3-1 所示，文献数量的大幅增加，说明技术交易的研究正成为学术界持续研究热点。

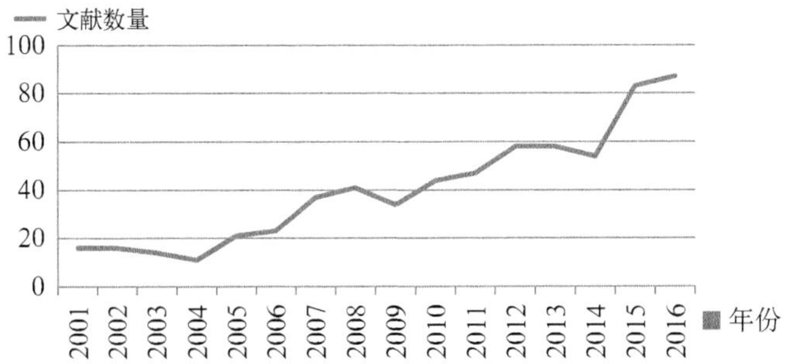


**图 3-1　WOS 数据库 2001—2016 年技术交易文献数量趋势图**

进一步利用 HistCite 引文可视化分析软件对上述检索结果进行分析，并编制引文编年图，如图 3-2 所示，其中圆圈越大代表被同领域文献引用频次越高。分析被引频次高的文献，以 LCS(文献在本地数据集中被引用次数)为

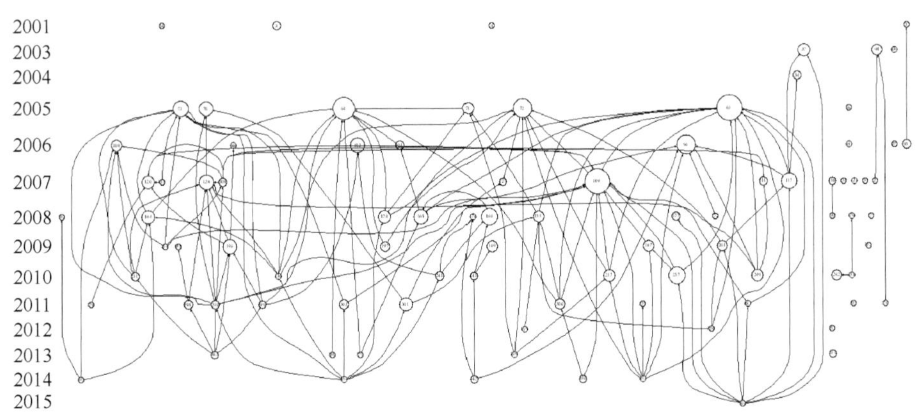


**图 3-2　技术交易文献引文编年图**

排序指标，其中，在 LCS≥9 的高被引频次的前 30 篇文献中，除去技术交易综述类文献外，研究内容主要围绕大学 TTO（大学技术转移办公室）的效率与影响因素，影响技术交易的障碍因素、政策环境对技术交易的影响、大学技术商业化的渠道以及技术交易效率的评价等方面，且多见实证案例进行分析研究。因此，根据文献检索分析结果可知，学术界有关技术交易的研究主要集中在两个领域，一是技术交易的影响因素研究，二是技术交易的评价研究。

学术界认为技术交易是技术从提供方到需求方转移、吸收并加以运用的过程，过程复杂、持续时间长，因此，从过程视角展开技术交易影响因素研究可行且有效（巴蒂斯特拉，Battistella，2015）。德国学者 Tietze（2016）在 Bozeman（2000，2015）等学者技术交易分析模型基础上构建了技术交易过程概念模型，如图 3－3 所示。模型将技术交易过程分为计划、谈判和实施三个阶段，在不同阶段，技术交易与交易主体与交易环境密切相关。现有研究多是在剖析技术交易过程阶段基础上，分析技术交易影响因素，并运用不同方法，选择合适数据指标，评价技术交易效率。

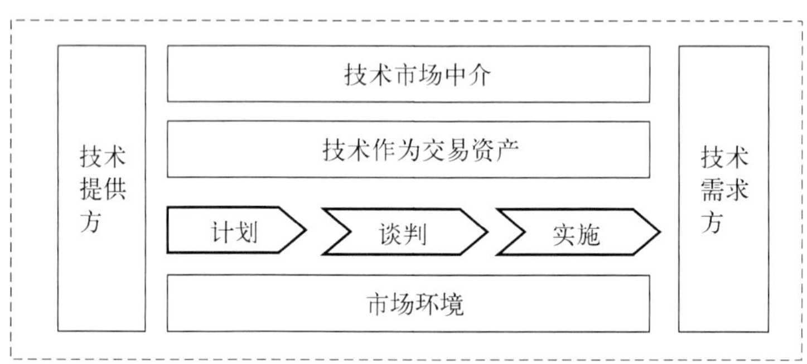


**图 3－3　技术交易过程概念模型**

依据技术交易过程析可知，技术交易包含交易主体（技术提供方、技术需求方和技术中介）、交易客体（技术）、交易机制以及制度环境四个维度，每个维度受不同因素的影响。本书在综阅、梳理相关文献基础上，对技术交易的影响因素从交易过程视角进行了整理归纳，具体详见表 3－1。

表 3-1 技术交易影响因素整理归纳表

<table>
<tr><th>维 度</th><th colspan="2">关键影响因素</th><th>代表学者</th></tr>
<tr><td rowspan="5">交易主体</td><td colspan="2">技术供需双方特征</td><td>Bozeman;Caputo;简兆权;孙卫;王永梅等</td></tr>
<tr><td rowspan="3">关系</td><td>信任</td><td>Jensen;蒋伏心;华冬芳等</td></tr>
<tr><td>关系距离</td><td>Cummings;朱方伟等</td></tr>
<tr><td>关系强度</td><td>Battistella;曹威麟等</td></tr>
<tr><td colspan="2">技术中介</td><td>Tietze;Villani;董正英等</td></tr>
<tr><td rowspan="3">交易客体</td><td colspan="2">不确定性</td><td>Arthur;刘学;Jensen 等</td></tr>
<tr><td colspan="2">公共物品属性</td><td>刘学;董正英等</td></tr>
<tr><td colspan="2">技术成熟度</td><td>Mishra;王雪原等</td></tr>
<tr><td>交易机制</td><td colspan="2">交易方式</td><td>Markman;刘清海;石岩等</td></tr>
<tr><td>制度环境</td><td colspan="2">政策、监督环境</td><td>王万山;傅正华等</td></tr>
</table>

### 3.2.2 技术交易市场影响因素研究

(1) 技术交易主体的影响研究

现阶段,从事技术交易活动的主体主要为高校、科研院所、企业、技术中介等组织。其中,高校、科研院所多为技术提供方,企业多为技术需求方。由于组织结构,交易预期的不同,当不同主体将技术作为商品进行交易时,其行为结果会受技术供需双方特征、双方关系及技术中介等多因素影响,形成不同的交易效率。

1) 技术供需双方特征

综阅文献,技术交易供需双方的不同特征对交易结果具有显著影响,主要涉及交易主体技术能力、组织结构两个方面。技术交易是将技术作为交易资产的活动,技术能力是成功的前提,技术能力并非仅指供需双方技术的掌握和应用能力,还包含供需双方的技术研发、复杂技术系统的统筹协调、技术硬件先进性等诸多方面。技术提供方的技术传递能力,技术需求方的技术吸收能力决定了双方的技术距离，双方技术距离越大，交易预期达成的可能越小，技术距离越小，交易预期达成的可能性越大(Bozeman，2000；卡普托，Caputo，2002；简兆权，2009；孙卫，2012)。技术交易主体组织结构的不同会导致交易结果预期的差异，高校、科研院所等组织交易预期着重于技术提升、声誉、学术成果等方面，企业的交易预期着重于经济收益；同时，高校、科研院所的管理方式与企业差异明显，双方交易成本显著高于同类组织的交易活动，增加了双方交易的难度(卡明斯，Cummings，2003；王永梅，2014)。

2) 关系

技术交易是一个动态的持续过程，根据主流经济学理论，任何经济系统的运行及其外在表现都是由微观层次上主体的经济行为决定的，因此，探寻微观经济主体的关系以及由此形成的系统均衡状态，构成了经济学理论的基础和合理性根基。研究表明，技术交易主体间的关系对交易效率具有重要影响，主要涉及信任、关系距离和关系强度三个方面。

① 信任

信任关系在技术交易中的研究尚处于起步阶段。信任是一种对他人积极预期基础上愿意接受脆弱性的状态(Mayer，1995；潘镇，2008)，技术交易中的信任是施信方对受信方的一种积极预期，是施信方承担因不确定性带来风险的同时，相信受信方不会由此采取机会主义行为。而技术不确定性、信息非对称、信息不完全会使技术双方之间信任困难(蒋伏心，2015)。詹森(Jensen，2015)以未商业化应用的技术交易为研究对象，通过调查分析发现高度信任能提高技术交易双方6%～23%签约成功率。能力、声誉、合作经验、正直、善意、信任倾向有助于信任生成，易于双方认知信任和情感信任的产生与建立，且认知信任与情感信任存在递进式增长(华冬芳，2016)，可以选择专用性资产作为信任信号用于区分高信任和低信任的技术交易方(华冬芳，2017)。

② 关系距离

关系距离是指技术交易主体间的关系势差，主要包含组织距离、技术距离、文化距离等(李天放，2013)。组织距离与技术知识转移具有负向关系，组织距离越小，技术知识转移成功概率越高(Cummings，2003)。技术距离决定了双方知识库的相似性程度，双方技术距离不宜过大或过小，否则技术吸收的效果会不理想（朱方伟，2006）。安博斯（Ambos，2009）通过研究 324 家跨国企业，发现文化距离对跨国母子公司的技术知识转移具有显著的负向调节作用。

③ 关系强度

关系强度是指技术主体之间的相互依赖程度，体现在双方的依赖程度和互动频率。相关学者认为，强弱关系的不同会产生相异的交易结果。组织之间的弱联系可以将组织中分散的个体和群体联系起来，从而获得新颖有价值的信息，有助于新技术知识的发现；而强联系容易产生重复的信息，不利于技术创造，但在促进隐性技术知识的转移方面显得更为有效（Battistella，2015）。若双方的关系强度越大，则频繁互动强，相互越依赖，交易风险越低（曹威麟，2012）。

3）技术中介

技术中介在技术交易活动中具有举足轻重的地位。技术中介广义上是指以知识、技术、经验和信息为另一方与第三方订立技术合同进行联系、介绍、组织工业化开发、并为履行合同提供服务的中介方（董正英，2003）；狭义上是以盈利为目的，通过与技术供需双方的互动，在不改变技术价值和技术所有权的基础上，促进技术交易活动的组织或个人（Tietze，2016）。现阶段，常见的技术中介形式主要包括高校技术交易办公室、技术交易所、技术咨询机构等。

文献显示，有技术中介参与的技术交易效率显著高于无技术中介参与的交易活动（刘勤福，2008）。本质上，技术中介主要为技术交易供需双方提供技术知识服务，并作为第三方参与市场分工，有利于突破交易中的信息障碍，弥补市场失灵，降低技术交易的交易成本（方世建，2003）。技术中介可以利用自己的声誉和专业能力发出具有公信力的“市场信号”，进而降低交易双方的认知距离、地理距离、组织距离和社会关系距离，提高技术市场的交易效率，增加社会福利（维拉尼，Villani，2017）。

哪些因素会影响技术中介运行绩效进而影响技术交易效率呢？技术中介专业人员的专业技能与经验、团队人才结构、专业技术数据库是技术中介提升交易效率的基础（王晓东，2014；Mom，2012）；良好的激励机制、趋于完善的契约、和谐的交易主体关系促进了技术中介的交易意愿和交易积极性（科马奇，

Comacchio,2012;宋,Sohn,2012)。此外,技术中介规模、成立年限及金融状况等因素也会对技术中介的品牌和声誉形成显著影响(卡尔德拉,Caldera,2010;Comacchio,2012)。

(2) 交易客体影响因素

Arthur(2015)指出,技术本质上是被捕获并加以利用的现象的集合,这种现象既可以是激光类的物理现象,也可以是管理知识类的非物理现象;刘学(2001)则指出,技术是为实现某种特定的目的而将劳动技能、方法和规则、劳动手段与技术知识等诸要素以一定方式结合而形成的有效系统。那么,具有何种特征的技术才可以当作商品进行交易,并实现权力的让渡呢?首先,技术必须具备清晰的界定或表达,有明确的边界,可通过文字、图纸、技术指标等形式显示,只有边界清晰,才能成为一个独立的、不粘连的、时空界限清晰的交易客体;其次,要有明确的归属和产权,只有能够实现权力的让渡,交易才能完成;第三,要有显性的技术价值,只有交易的技术具有一定的稀缺性,交易者之间存在技术势差,需求者才会有交易的驱动力。成功的技术交易对于技术的要求近乎苛刻,技术的不确定性、公共物品属性、成熟度等自身特征因素必然会对交易形成重要影响。

1) 不确定性

技术交易用于交易的多是新发明、新创造的技术,实质是一项创新活动,是对未知知识领域的探索,其过程必然存在诸多不确定。技术不确定性主要是指技术无法确定的未来状态和技术结果的不确定(华冬芳,2016)。技术的不确定是因交易双方对于交易技术知识认知存在不足,不受交易双方的思想和行为影响。技术不确定性使得技术交易的有关参与人难以在合约中描述或定义各方的决策集,因而难以定义各方的责任和义务,使得合约达成产生困难(刘学,2001)。交易双方的高信任可以有效降低不确定性引起的机会主义行为,降低交易风险,促进交易合约的达成(Jeson,2015;华冬芳,2016)。

2) 公共物品属性

技术的本质是一种信息,是一种无形资产,虽然技术的载体可能是有形的。作为一种无形资产，一个技术持有者持有这一资产，并不影响另一个持有者的使用，因此，技术具有公共物品属性，亦可指技术是准公共物品（刘学，2001）。作为一种准公共物品，由于生产者所获得的收益难以抵偿生产该技术的成本，必然导致技术供给不足，为刺激技术的供给，需要产权制度对其进行内生化（董正英，2003）。技术的公共物品属性使得技术在一定程度上具有非排他性，“免费搭车”的投机行为必然发生，会对技术交易形成消极影响。政府治理、法律治理是实现产权制度的完善、惩戒和监督的有效性、公正性是降低技术的公共物品属性影响的关键路径（张国锋，2012）。

3）技术的成熟度

技术交易的技术多是新技术，新技术的成熟程度对技术交易有着显著影响，越是成熟的技术，交易成功实现的概率越大。技术成熟度是评价科技项目中关键技术成熟程度的一种量化、规范化和系统化的方法，是将一项新技术从发现基本原理到技术成功应用到系统的整个发展成熟过程（马宽，2016）。研究认为，在技术发展成熟的不同阶段，其风险程度不尽相同（米什拉，Mishra，2016）。结合交易技术的属性，在推进技术交易活动时，不同交易主体的作用方式与行为应当随着技术成熟度不同而不同（王雪原，2015）。栾春娟（2016）基于专利组合分析方法，选择技术颠覆潜力和技术成熟度两项综合指标，为交易主体的技术选择提供了潜力测度与预测的方法路径。

（3）交易机制

现阶段，我国技术市场常见的交易方式包括技术开发、技术转让、技术服务、技术咨询等模式，一般情况下，技术交易都是通过合约进行。技术交易的合约结构是由不同交易方式的交易成本、风险、预期收益等因素决定的，鉴于技术交易的信息非对称、不确定性、公共物品属性等特征，技术交易合约都是不完全契约（刘学，2001；华冬芳，2016）。在契约执行阶段，为避免“搭便车”现象，交易主体都不愿意将信息公布给第三方，致使交易行为缺乏有效的约束，违约成本偏低。交易主体为降低交易风险，多选择风险较小的交易形式，我国技术服务合约远大于技术开发合约充分诠释了交易机制的市场影响。

运用不完全契约理论研究技术交易机制的影响是学术界的研究重点。刘清海(2013)研究指出由于契约的不完全性,事后发生的敲竹杠等机会主义行为会导致效率损失,通过事前的产权配置可以提高效率,但必须结合其他机制如签订灵活契约、声誉、知识产权保护、共享知识产权等机制来共同解决。交易价格是交易方预期收益的表述,灵活价格契约较固定价格契约在技术合作开发中具有显著促进作用(刘清海,2012)。马克曼(Markman,2004)研究发现大学对科研人员和技术中介人员的激励政策对技术交易效率具有显著正影响。

改变现有的交易方式在一定程度上可以缓解契约的不完全引起的技术交易影响。交易机制的创新正成为理论和实践中的研究重点,技术拍卖、"互联网+"技术交易的多种新交易方式是探索降低技术交易成本的有效路径。Tietze(2016)使用推理统计技术对 6 个技术交易实例中的 390 项授权专利的技术进行了分析,研究表明,技术拍卖模式对于交易存在适度市场价值的技术非常适合,特别是在谈判和交易实施阶段,相对于议价谈判,拍卖的流程设计可提高交易效率。石岩(2016)研究认为传统的英式拍卖(固定费用)报价与技术的产出无关,不利于拍卖的成交,该学者认为可以通过将技术价格和交易产业化后的产值相结合,并构建了"固定费+提成"的两步制定价的技术拍卖模型,结果表明,交易成本最低的企业可以赢得拍卖,其结论符合社会效率要求。

随着互联网技术的迅猛发展,"互联网+"技术交易的市场形式日趋活跃。网上技术交易市场是一种利用现代网络技术和电子商务技术建立的,集市场组织网络和信息技术网络为一体的有机运作系统(刘辉,2004)。网上技术交易的运行模式是学术界研究的主要方向,其发展关键是要实现网上交易平台的增值服务(吕国昌,2014)。

(4) 制度环境的影响

技术交易市场制度环境的完善程度对于交易效率有着至关重要的影响。现阶段,我国技术交易市场制度环境仍处于改革探索阶段,市场的决定性作用并未充分体现,无论是在法律制度建设、技术市场监管、政策落实方面都亟须完善与加强。由于技术交易的公共物品属性等特征,政策制度在技术市场中起到显著的辅助护航作用，几乎在所有的国家，政府除资助基础研究外，还参与技术开发，为本国的技术发展提供强力的政策制度和财政支持（王万山，2003）。但现阶段，我国技术市场扶持政策偏少，相关优惠政策贯彻落实不到位（雷光继，2013）。法律层面，我国地区间法律标准不统一，法律适用不统一，无法公平、公正地运用法律手段保障技术市场的正常有效运行（傅正华，2016）。技术市场的监管缺位，管理部门乱且职责不清，执法队伍的参差不齐等都是横亘于技术市场前的绊脚石。

在制度环境建设方面，政府具有举足轻重的地位。政府的职能必须优化，要建立技术交易法律体系，完善技术交易法制环境，加大技术交易政策扶持力度，加强技术交易政策操作性，促进科技服务业发展（刘泽政，2011）。

### 3.2.3 技术交易效率评价研究

技术交易的评价研究是学术界持续研究的热点和难点。技术交易主体主要涉及技术供需双方以及技术中介，他们的交易预期千差万别，在进行交易效率评价时，主体差异导致评价视角不同，其评价具有较强的主观意愿。评价方法不同，评价选取指标的不同对评价的结果具有重要的影响，学术界尚未形成一套科学有效的技术交易评价测度体系。

在评价方法方面，根据评价数据来源是主观判断还是客观数据，现有评价研究可以分为客观量化法和主观量化法。客观量化法是指选择有形的、可数的货币或非货币指标来度量；主观量化法是指根据主观判断，选择调研或实证等方式获取指标数据来度量（原长弘，2011）。在客观量化工具方面，数据包络分析（DEA）方法是评估技术交易效率最为广泛使用的工具，随机前沿方法（SFA）、熵值法也有少数学者加以运用。主观量化法国内外学者更多地采用问卷调查，运用结构方程模型、ISM、模糊综合评价法等方法来评价技术交易效率。

梳理现有文献，根据技术交易活动“多投入—多产出”特征，大量学者选用数据包络分析方法开展技术交易效率的综合评价。居里（Curi，2014）等运用DEA方法对法国技术转移办公室的技术转移效率进行了测量，梅（Mei，2013）

等运用两阶段 DEA 方法探讨美国大学技术交易效率；韩国学者李（Lim，2016）等同样运用两阶段 DEA 方法研究分析了韩国公共研发机构的技术发展效率和技术交易效率，研究结果认为韩国政府研发投入居世界前列，但转移效率很低。国内学者对于技术交易效率评价的研究主要集中在以下两个层面。第一，区域层面，我国技术交易效率区域差距明显，其中，刘家树（2010）、林江（2011）、陈伟（2011）等学者研究结果显示中国技术转移效率不高，且不同省区技术效率差异较大（廖述梅，2009；何彬，2013；张明喜，2013；王方，2013）。随着研究的深入，范柏乃（2015）在考虑技术交易效率区域差异的基础上，对区域差异的收敛性进行了分析。冯华（2016）选取了 2008 年、2010 年和 2014 年三个重要时间点，对区域技术交易效率进行了评价和分析。第二，产业层面，贺京同（2011）运用 DEA-Malmquist 指数方法测算出国内科技成果转化效率年平均增长率为负，行业间差距缩小的结论，并重点探讨了医药制造业科技成果转化落后的问题。卫平（2014）则重点测算了我国战略性新兴产业的科技成果转化率，探究影响科技成果转化效率的重要因素，得出整体效率不高且呈现下降趋势、行业间差距缩小的结论。也有少数学者采用随机前沿方法、熵值法等评价方法对技术交易效率进行评估。朱海英（2016）采用 2005—2014 年的面板数据，利用 SFA 方法对我国 30 个省区专业市场的技术效率及其影响因素进行了研究。

从技术交易主体行为视角研究技术交易效率评价，主观量化法是国内外学者普遍采用的方法。英国学者达格玛拉（Dagmara，2015）分析了六个英国国内技术交易案例认为，技术转移办公室需要有较高的能力，才能提升技术转移效率。西班牙学者埃斯科瓦尔（Escobar，2017）等通过调查搜集 249 份样本，运用结构方程模型（SEM）方法分析了影响技术和知识转移效率的相关影响因素。国内学者林庆藩（2013）通过调查问卷搜集数据运用线性回归方法研究了农业企业与高校合作中技术转移绩效的影响因素。陈怡安（2012）从互动机制与知识创新出发，利用结构方程模型，深入探讨了组织学习与技术转移绩效的关系。

评价指标选取方面，因研究视角的不同，选择适合的评价指标对于效率评估的有效性具有积极作用。评估技术主体的效率，通常选择技术授权数量或收入、专利数量、交易合同额等货币价值指标；万宁与利普斯（Vinig & Lips，

2015)认为货币价值通常通过计算专利、许可协议和衍生企业股权的收益而得出,不能体现技术交易的潜力以及潜力实现的程度,提出技术交易潜力指标;赫尔贝克(Hulsbeck,2013)等认为,技术中介人员知识水平和经验、中介组织结构等非货币指标也是评价的依据。由于不同行业的技术差异,学者对特定领域或行业的技术交易进行评价研究。比利亚尔迪(Bigliardi,2015)等研究了意大利食品行业技术交易现状,通过特定的技术性能指标的衡量判断技术交易效率。评估区域交易效率,通常选择经费投入、人员投入、专利申请数量、技术合同数量、技术合同额等作为设计指标(范柏乃,2015)。

综合而言,现阶段,无论是大学还是技术中介,不管是行业还是区域,尽管可能存在差异性,但全球范围内的技术交易效率普遍处于相对较低的水平,不利于技术的发展与进步。

### 3.3.4　技术交易研究述评

现阶段,我国不同地区的技术交易市场发展差异显著,整体仍处于一个较低水平。技术交易效率的提升对于加快科技成果转移转化,加速科技与经济深度融合,推进结构性改革尤其是供给侧结构性改革具有重要意义。随着技术市场环境的改变,由于技术交易的信息不对称、不确定性以及公共物品属性会使交易过程中机会主义盛行,如何降低该类风险将是未来主要的研究方向。

现有的有关技术交易主体的研究,重点关注技术交易主体的技术能力、组织结构等客观特征对技术交易的影响。研究认为,技术提供方的技术传递能力,需方的技术吸收能力决定了双方之间技术距离,而技术距离越小,则交易越易成功,技术交易供需双方组织文化的差异会导致交易成本的升高,也不太易于交易的发展。而技术交易市场发展的核心在于各交易主体、要素的结合,它强调了交易主体的行为和作用。

宏观上,营造公平公正的市场环境极其重要,关键是如何确保发挥政府在技术交易中的公平公正的监督作用,让政府成为技术市场的保护者,而不是扰动者或隐形人。微观上,技术交易主体要积极建立良好的信任关系,现有文献已研究了技术交易中的信任作用机理，但相关实证分析及信任建立渠道的研究亟须加强。此外，技术的进步使得技术交易形式不断创新，以移动互联网为载体的线上交易，以技术拍卖为核心的竞拍交易等新型交易形式是否能实现降低交易成本，是否利于技术交易效率的提升值得积极探索。

信任的研究历史久远，是多个学科研究的重点领域。多伊奇(Deutsch)的囚徒困境实验掀起了各学科有关信任的研究浪潮，对于心理学家而言，信任是一种心理现象，是个人认知或主观感受；对于社会学家，信任是社会关系中的黏合剂，是社会秩序的基础；对于政治学家而言，信任是宽容；对于经济学家而言，信任可以促进合作，降低经济交换是产生的风险和成本，使得经济交换更有效率。信任在经济活动中的作用源于社会分工。在经济活动中，分工演进必然导致合作，合作是在未来的预期基础上发生的微观行为，未知即存在不确定性。有限理性的经济人在面对不确定性时，他的选择无非两种，一种是信任对方，并在行动上给予对方积极的回应；一种是不信任对方，并采取防范措施，以规避因不确定引起的机会主义，甚至放弃合作。近三十年来，在经济合作的不同领域和关键环节，以信任为落脚点的研究逐渐增多，信任已为我们揭开了多个经济合作领域的关系黑匣子。从国际合作到国内合作，再到行业合作等多个经济交易环节，信任的正向功能作用都得到揭示与验证。然而，信任在技术市场领域的研究却远滞后于其他经济活动领域。已有的信任研究已经证实，尽管不同领域的经济活动存在着这样或者那样的不同，但信任的作用却是相通的，其作用机理也存在相似之处。

技术交易市场中，信任是否存在同样甚至更为重要的作用，其是否能降低技术交易成本，诸如此类问题都需要我们一一剖析与解答，去丰富信任在经济活动领域的研究。本书拟构建基于信任的技术交易效率影响理论模型，通过问卷调查收集分析微观主体的信任及交易效率的相关数据，深入剖析并明确信任对技术交易的作用影响机制，识别新形势下影响信任关系的关键要素，并以此对如何架构新型的技术交易市场提出政策意见和建议，为技术交易市场的成熟发展提供有价值的实践指导，有利于进一步探索建设具有中国特色的技术交易市场。

# 第四章
# 技术交易主体微观行为行动基础

技术的实质是多信息融会贯通的综合表象，技术交易是具有信息优势的技术提供方，将技术需求方不具备的技术信息传递给需求方，需求方接受并融合运用的过程。这是让信息价值变现的过程，而技术信息与普通商品特征的不同不禁让参与其中的交易者多了一些担心。例如，在技术交易过程中，技术提供方是否会利用其信息优势，只传递部分信息，或者粉饰技术信息，甚至传递虚假信息以期获取最大收益；技术需求方是否会因处于信息劣势，在无法评判信息真伪情境下放弃合作，或者即使合作也会不履行或部分履行契约以期自我保护。相互猜忌必然影响技术交易的进程和结果，交易的分崩离析在所难免。然而，成功的技术交易如约而至，是什么抹去了交易双方间的猜忌？

信息时代，技术交易市场中的任一组织或个体获取交易信息的渠道更为宽泛，信息来源多且杂，对于信息真伪的甄别成本急剧上升。现实中，多数主体会根据有限的信息做出交易决策，这种决策的基础源于哪里？首先是基于交易技术的价值判断，其次，则源于信任，相信交易的另一方并不会“欺骗”自己，是信任确定了交易主体实施微观行为的行动基础。信任会让交易双方不再互相猜忌，信任会让陌生的交易者变得熟悉，相信另一方不会利用信息势差实施机会主义行为，信任让交易变得顺畅。正如著名经济学家阿罗（Arrow）所言：“信任是一个社会经济构建和运作的润滑剂和包含于交易行为的基本要素。”信任如此重要，信任不再只是“熟人”间的专属，信任也会在“陌生人”之间从无到有。那么，在陌生的技术交易者间，信任从何而来？信任又会对他们的行动决策产生何种影响，这种影响是否会改变交易进程，最终影响技术交易结果？这是本章着重解决的技术交易中的信任作用问题，也是本书基于信任研究技术交易效率提升的钥匙，是后文研究的基础。

## 4.1 技术交易与信任的相关研究

前一章已对技术交易市场的相关理论研究进行了脉络梳理，该领域已形成以 Bozeman、Tietze、刘学等学者为代表的技术交易过程分析理论。随着技术市场环境的改变，由于技术交易的信息不对称、不确定性以及公共物品属性会使交易过程中机会主义盛行，如何降低该类风险将是未来主要的研究方向。宏观上，营造公平、公正的市场环境极其重要，关键是如何确保发挥政府在技术交易中的公平、公正的监督作用，让政府成为技术市场的保护者，而不是扰动者或隐形人。微观上，技术交易主体要积极建立良好的信任关系，现有文献已研究了技术交易中的信任作用机理，但相关实证分析及信任构建渠道的研究亟须加强。

### 4.1.1 技术交易中的信任研究

(1) 技术交易中的信任研究

学术界从信任视角开展技术交易的相关研究尚处于起步阶段，仅有少量文献重点围绕信任之于技术交易的重要性展开研究讨论。学者们一是尝试从理论视角论证信任之于技术交易的重要性。研究的结果表明，技术交易供需双方的相互信任能提高两者的互动效应(谢富纪，2006)；而技术交易双方的信任距离催生了技术交易渠道，由渠道来承担部分技术交易风险，分享部分技术交易利润是对双方道德距离的一种协调(王晓东，2014)；信任能降低技术交易的风险，交易双方的信任程度越高，交易风险越低(赵广凤，2013)；信任的建立有助于技术供需双方信息共享，有利于科技成果转化的形成(郭强，2012)。

二是运用相关研究方法分析信任之于技术交易的重要性。张凤香(2004)运用博弈理论,建立了专利技术交易中监督道德风险的博弈模型,通过对该模型的纯策略均衡和混合策略均衡的分析,从理论上推导出防范道德风险的思路。柴国荣(2011)在研究产业集群中合作创新博弈者之间的信任关系时,出发点仍是有限理性的视角,通过构建演化博弈模型,分析了合作创新企业间之间信任关系的演化路径和结果。薛克雷(2014)运用演化博弈模型分析发现产学研体系中的博弈双方相互信任的概率与协同收益正相关,并存在最佳协同收益分配比例,使博弈双方相互信任可能性最大化。

三是通过实证检验信任的之于技术交易的重要性。有学者通过实证数据证实良好的信任关系能提高技术交易 6%～23%签约成功率(Jensen,2015),并指出有无专利可以作为技术提供方可否信任的关键指标。刘学以中国制药产业研发联盟为研究对象,通过案例考察,分析了初始信任与控制战略的关系对联盟运行的影响,发现能力信任对过程控制、自我保护控制产生正向影响;善意信任对结果控制、自我保护控制产生负向影响;而技术不确定性产生调节作用(2006)。潘文安(2013)通过问卷调查方式,研究了信任对联盟成员间关系承诺和合作绩效的影响,调查对象主要是浙江部分地方产业集群中小企业技术联盟成员,结果表明,组织信任与个人信任都会对合作绩效产生影响,个人信任体现在直接影响上,组织信任体现在间接影响上。

现有的研究尽管只是初步论证了信任对于技术交易的重要意义,但已为我们敲开了技术交易中信任研究的大门。信任是技术交易中不可或缺的关键要素,然而,交易双方的信任缺失已成为技术交易效率提升的瓶颈(蒋伏心,2015)。如何突破这个瓶颈,需要借鉴其他学科和领域,结合技术交易的特有特征,运用信任的理论和方法,对信任在技术交易中的作用机理、生成机制、演化过程等相关问题深入剖析,夯实技术交易中信任研究的基石。

#### (2) 产学研合作中的信任研究

尽管学者们对有关技术交易中信任的研究刚刚起步,但信任在与技术交易的相关领域已经成果初现。产学研作为技术市场中特殊的一种技术交易与合作形式一直是学术界的研究重点。产学研是技术交易中一种特殊的形式，其技术提供方多指科研院所或高校，技术需求方多指企业，且主体的角色是固定的，不会产生变化。然而，在实际技术交易活动中，科研院所、高校、企业都有可能承担技术提供方职责，也有可能承担技术需求方职责。因此，就微观主体而言，产学研合作中的信任研究为技术交易中的信任研究奠定了理论基础，指明了研究方向。梳理产学研合作中的与信任相关的文献，学者们的关注重点主要是产学研合作中知识共享与信任的关系机制，以及产学研中信任的建立研究。在产学研中知识共享与信任的关系研究中，李世超(2011)将产学间的关系互动表征为信任和信息共享，引入显性和隐性知识转移作中介变量，通过结构方程模型对研究假设的大样本数据检验，研究的结果发现，由于信任成本存在，信任对显性和隐性知识转移的作用效果有差异，进而主张需要根据产学间知识活动的特征来灵活选择合适的信任水平。刁丽琳(2014)的研究也证实了信任对产学研合作知识转移产生重要影响，并且信任对隐性知识转移的影响显著大于信任对显性知识转移的影响；信任不仅能够增加合作伙伴知识共享的主观意愿，也能密切双方的沟通，有利于知识转移。朱永跃(2013)认为在产学研协同创新中，信任有助于降低协同创新成本，有助于增强协同创新效果，有利于建立长期的协同创新关系。王培林(2015)借用费斯克的关系模式理论，提出了产学研主体间的信任式转移概念，认为这种转移有利于降低隐性知识转移中的难度，减少在这一过程中一方背信弃义引起的风险，可以抑制该活动中的机会主义行为。

在产学研联盟中，信任同样是联盟伙伴中知识转移的先决条件之一。林莉(2009)在研究产学研联盟中知识转移的影响因素时指出，由于知识的特性，隐性知识只有通过非正式网络才能得以传递，信任对于转移过程中的氛围起到积极作用，有助于形成一种自由开放的氛围，有利于联盟成员间的紧密沟通和接触，对于隐性知识，特别是一些关键诀窍和经验的交换和传递具有积极影响。张红兵(2013)通过实证研究发现，联盟企业间的信任并不对知识转移有效性产生直接效应，而是通过承诺间接地对知识转移有效性产生正向影响。

对于产学研中信任建立的研究，学者们从理论和实证多个角度予以了分析。朱永跃(2013)通过理论分析认为影响校企合作的信任因素主要包括信息、能力、声誉和制度四个方面。杨洪涛(2012)通过实证研究认为产学协同创新双方一可建立产学协同创新信任评审体系,二可加强知识转移双方的有效沟通,三是设置合理的利益分配机制,进而增进合作双方的信任程度。黄劲松(2015)通过两个产学研联盟案例的对比分析,能力信任和行为信任是达成合作的基础,而合作双方的共同知识和交易历史会对信任的来源产生显著影响,当共同知识和历史交易信息不存在时,合作方会寻求替代的信息来源。

综观文献,学者们在产学研中对信任的研究成果已充分论证了信任在产学研中的作用,无论是理论研究还是实证检验。信任作为产学研中的重要影响因素,对产学研中主体关系的融洽、知识共享和转移的结果都产生了积极的正向影响。学者们同时也梳理出产学研中信任建立的影响因素,这对技术交易中信任建立的研究给予了有力指导。

### 4.1.2 知识共享和转移中的信任研究

技术交易的客体是技术,本书所指的技术是指达成特定目标形成的相关系统知识的有效集合。技术交易则是指将技术作为交易客体,在技术供需双方相互作用关系基础上,经技术提供方传递,技术需求方吸收、扩散应用,并实现技术所有权或使用权让渡的过程。本质上看,技术交易的目标还是要实现技术知识的共享。因此,笔者进一步梳理了知识共享和转移领域中信任的相关研究文献。

与技术相似,知识同样可以分为显性知识和隐性知识,显性知识可用正式的系统语言表述,可通过数据、科学公式、说明书和手册共享;隐性知识指的是未经正式化的、高度个人化的、主观的、基于长期经验积累的知识,很难形式化和规范化(刘春艳,2015)。文献表明,在有关知识共享和转移的信任研究中,学者们一致认为信任是会对知识,特别是隐性知识的共享和转移产生正向的积极影响。

学者们已在供应链、IT 外包、农业合作开发、知识网络组织等多个合作领域中展开了知识共享的信任研究，这些领域的研究多是集中在组织间对知识转移的信任研究。艾时钟(2011)基于对北京中关村软件园、上海浦东软件园和西安软件园内20多家企业问卷调查基础，实证证实了在IT外包中，信任对知识转移具有显著的正向影响，而良好的冲突处理则对信任产生显著的正向影响。陈伟(2015)结合256家上下游供应链企业的问卷数据，实证研究指出了信任对显性知识共享、隐性知识共享的正向影响均较为显著。祁红梅(2015)实证检验了快速信任对知识产权风险与创新联盟形成质量及形成效率具有显著的调节作用，信任有助于成员间的顺畅交流，能快速建立良好的合作关系，降低联盟中的知识产权风险，从而提高联盟形成质量和形成效率。王涛(2011)采用前因变量和后果变量的模式，分析了知识网络中相互信任的影响因素，信任建立的前因变量包括声誉、组织背景、合作经历、相互沟通等六个要素，信任建立后则会对承诺、合作绩效以及合作伙伴关系产生后置影响。

组织内部成员间知识共享的信任研究是学者们关注的另一重要领域。王生银(2016)通过理论分析认为高水平的人际信任对组织成员的知识共享行为有积极作用，认知信任与情感信任的交互作用对知识共享行为具有更显著的正向影响，人际信任对知识共享意愿能产生积极作用。刘宗华(2016)以来自7家企业的288份直接主管与下属配对样本，探讨组织信任与知识分享的关系，实证研究表明，组织信任对知识分享具有显著的正向影响，高承诺人力资源实践调节组织信任对知识分享影响的间接效应。张生太(2012)在分析内蒙古自治区18家企业264名员工的调查问卷数据基础上，指出政治敏锐性、人际影响力、关系拓展力、组织协调力对组织信任和隐性知识共享均有显著的正向影响，组织信任是搭建组织政治技能与隐性知识共享的桥梁。雷宏振(2012)认为员工对上级主管支持感的评价程度以及对组织内部主管的信任水平，影响了其知识转移的意愿和效果，表明只有当企业重视主管对员工的支持、建立好主管与员工的相互信任与支持关系时，才能够更好地促进知识转移，提高企业的核心竞争力。

综阅文献，在知识共享和转移中，信任的作用不言而喻，是影响知识共享结果的关键因素。不管是在组织内部还是组织之间的知识共享信任研究，多是通过实证方法来检验，原因在于知识共享的结果难以用客观数据予以评价，只有通过主观指标的评价方可实现。学者们在知识共享和转移中的信任研究方法也为本书在研究方法的选择和应用上提供了有价值的借鉴参考。

## 4.2　信任：技术交易主体行动基础

### 4.2.1　技术交易信任内涵

信任作为日常例行互动的必要基础，在人类生活中起着不可或缺的作用。自20世纪50年代，心理学家多伊奇(Deutsch)通过非零和博弈方法(囚徒困境实验)研究信任起始，延续至今，信任在社会学、心理学、政治学、经济学、管理学等领域的研究成果斐然。然而，信任是一个复杂的社会和心理现象，涉及多个层面和维度，对于"什么是信任"这个信任研究的基础问题，仍是仁者见仁，智者见智，众说纷纭，莫衷一是，学者们倾向从学科背景和研究需要来对信任进行概念和功能界定。

一是在特定情境中，从个体特征来阐释信任。Deutsch(1958)、科尔曼(Colcman，1990)、Mayer(1995)等学者的研究奠定与此相关的理论基础。Deutsch从个体与行动互动入手，以双方能否建立合作为依据，认为，"一个人对某件事的发生具有信任，是指期待这件事的发生并且相应地采取一种行动，且这种行动的结果与他的预期相反时带来的负面心理影响大于与预期相符时所带来的正面心理影响"，指出信任具有可预见性和动机相关性两种属性，信任对于社会生活和个体的人格发展至关重要。Mayer(1995)进一步强调信任是一种个人意愿，不是一种风险行为，将信任定义为，"即使一方不能监视或控制另一方，他依然表现出需要承受由对方行动可能导致损失的意愿"，并构建了综合性信任理论模型。该类学者倾向于从个体的心理或人格特质去研究信任，这种思维视角不考虑社会环境的因素，而只专注于信任的认知内容或行为表现。

二是从社会系统视角阐释信任。学者们认为信任是与社会制度和文化规范等社会系统要素相关，是社会结构、制度和文化规范紧密相关的社会现象（叶初升，2005）。在任何情况下，信任都是一种社会关系，社会关系本身从属于特殊的规则系统。信任在互动框架中产生，互动既受心理影响，也受社会系统影响，而且不可能排他地与任何单方面相联系（卢曼，Lehmann，2005）。所谓信任，是在一个团队中，成员对彼此常态、诚实、合作行为的期待，基础是社团成员共同拥有的规范，以及个体隶属于那个社团的角色（福山，Fukuyama，2001）。信任是相信他人未来的可能行动的赌博（什托姆普卡，2005）。从这些思维视角看，叶初升（2005）认为，人无论是守信还是信任他人，都是因为社会法律制度和道德规范的长期影响和制约，体现了社会机制的有效性。

信任在心理学、社会学、经济学、管理学等多个学科中都已形成一系列丰硕的成果，但对于"信任是什么"这一信任研究的最基本也是最为重要的问题，学者们结合不同的学科研究视角，运用不同的理论和方法，给出了不同的解释。心理学家 Deutsch 从心理情绪角度指出信任具有可预见性和动机相关性两种属性，提出了信任情绪决定论。社会学家刘易斯（Lewis）和维格特（Weigert）认为，信任是一种社会事实，具有社会属性，信任是由人际关系中的理性计算和情感因素共同决定的。经济学家 Arrow 认为信任是经济交换的润滑剂，是控制契约的有效机制，是含蓄的契约，是不容易买到的独特的商品。Granovetter 作为新经济社会学第一人对信任有着较深的研究，他在 Williamson 的基础上对信任进行了讨论，并用"嵌入"观点对信任进行了解释。福山是信任文化论的代表，他指出文化因素和经济生活密不可分，而文化对经济之所以能产生影响主要是依靠"信任"这种社会资本的力量。在有关信任的基本意涵方面，学者们的关注焦点主要集中在以下几个方面。

一是关注施信方的心理状态或特征，将信任定义为对他人善良报以的一种信念，是一种较为稳定的心理特征；二是关注受信方的特征，将信任定义为是对施信方对受信方特征的反馈，并由此产生的对受信方行为的预期；三是关注信任的风险，将信任定义为是施信方的一种冒险，是一种对他人未来行为的赌博；四是关注社会结构、文化和制度的综合影响，将信任定义为是社会文化和文化传统的产物，是一种社会结构和文化现象；五是关注人际关系网络对信任的影响,认为信任是由理性计算和非理性情感共同决定的。

显然,信任的定义是与学者的研究视角紧密相关。信任既与宏观环境相关,亦与微观主体行为相关。本书主要研究微观的技术交易主体之间的信任,由于交易的客体是技术,交易方的技术能力对交易的结果具有决定性影响。因此,技术交易中的信任定义应建立在受信方的特征基础之上。本书对技术交易中的信任做以下定义:技术交易中的信任是施信方对受信方的一种积极预期,是施信方承担交易风险的同时,相信受信方不会由此采取机会主义行为。

### 4.2.2 技术交易信任建立

对于陌生的交易者,信任并非与生俱来,也非是偶发行为,是建立在施信者特质、受信者特质、交易对象以及交易环境等因素综合作用的基础上。研究发现,信任的建立是一个复杂且不断演变的动态过程,随着交易进程的发展,信任的形式会发生变化,建立的基础也不尽相同。学者们结合交易的目标,分析研究了不同环境中的信任建立的关键因素。

制度是影响信任建立的外在制约因素。张维迎(2002)认为在经济生活中,制度作为博弈的规则,是建立和维持人们之间信任的关键,这里的制度,包括正式的法律制度,也包括社会规范、商业文化以及各种各样的社会组织制度。祖克(Zucker,1986)综合多数学者的研究成果,认为信任的建立受三个方面的影响,一是受到受信方过去的行为和声誉的影响,声誉高则易信任;二是受施信方和受信方的社会背景相似程度影响,双方经历、种族、价值观等相似度越高,则信任度越高;三是有法律产生的信任,学者的研究普遍认为,信誉是法律制度的重要补充,是建立信任的核心要素。

交易双方的特质特征是信任建立的关键因素。Mayer(1995)等学者认为受信方的能力、正直与善意是受信方被感知的值得信任的因素,信任倾向是施信方是否实施信任的内在因素。米林斯特(Macllister,1995)认为受信方的可依赖性、可靠性、职业操守等方面的记录和声誉是认知信任建立的基础,持续的情感投入是情感信任建立的基础;此外,关系运作是建立和增强信任的重要机制，关系运作不仅包括利用关系网或请客送礼等工具性色彩较强的方法，而且还有相互尊重、交流思想感情等情感性色彩较强的方法(彭泗清，1999)。

对于不同的交易对象，信任的建立也会存在不同。对于组织合作，曹玉玲(2011)梳理总结文献发现，企业间信任受企业特质因素、企业间关系因素和环境因素三大类影响，其中，企业特质因素包含资产专用性、企业声誉、能力等因素，企业间关系因素包含沟通、相互依赖、合作经验等因素，环境因素包含文化兼容性、不确定性等因素；杜亚林(2014)发现PPP项目中管理能力、力量投入、社会声誉、财务状况、安全和环境能力、技术能力是初始信任的关键驱动因素，而过往表现和工程经验间接促成初始信任的形成；王涛(2010)认为影响知识链成员间相互信任关系的主要因素包含合作经历、声誉、网络制度规范、承诺、相互沟通、相互依赖、组织背景、知识链生命周期，其建立途径有计算途径、预测途径、动机途径、能力途径和转移途径；夏维力(2014)研究表明，收益分配系数、投机收益、知识转移成本、知识转移量等因素影响了校企合作创新网络知识转移中信任的动态演化路径及结果；谭云清(2013)基于发包方视角，通过规范分析与实证研究相结合方法探讨国际服务外包中获取发包商初始信任的影响因素，结果显示，提供商的善意、任务承诺和保障机制均显著影响发包商的初始信任。

技术交易的不确定性、信息非对称性、契约不完全性等特征都让技术交易提供方和需求方渴求信任，信任的建立如何实现？以Bozeman、Tietze、刘学等为代表的学者一致认为技术交易是技术从提供方到需求方转移、吸收并加以运用的过程，其过程复杂、持续时间长。德国学者Tietze在Bozeman等学者技术交易分析模型基础上构建了技术交易过程概念模型，将技术交易过程分为计划、谈判和实施三个阶段。因此，笔者结合前文研究结果，从过程视角来分析技术交易供需双方信任的建立要素。

在技术交易计划阶段，技术供需双方为达成预期的技术交易收益，会进行必要的信息发布、传递和获取，形成初步的了解和知悉。随着沟通的顺畅和深入，交易方会对所需的信息进行筛选、辨别，分析另一方技术交易的能力水平，依据结合对方的相关交易信誉，评判未来交易可能存在的风险，评估交易预期收益。依此，交易方会理性计算并综合比较未来的交易成本和收益，评估自身因承担风险所引起的损失能力，以及风险发生的概率，综合计算后做出是否信任另一方的决策，并展开后续交易行动。

这一阶段，另一方的能力、声誉以及相关合作经验都会影响交易方的信任决策行为。能力的强弱是交易方做出是否信任另一方的决策行为的第一考量因素。因为，只有具备交易的技术能力，在后续的交易活动中的不确定性才会降到一定范围内，才能保障技术价值实现的概率。现有的信任合作研究都已表明能力在交易活动中的重要性。Mayer(1995)等认为能力是受信方所具备的技能、特长、知识等多方面的综合表现，并将能力作为信任影响第一要素纳入到其创建的信任模型；罗宾斯(Robbins，2003)认为信任的产生受正直、能力、一致、忠诚和公开五大因素影响；曹玉玲(2011)梳理总结文献发现，能力是企业特质因素之一；吴悦(2014)等认为内部成员的能力决定了创新网络组织中的信任生成；Jensen(2015)研究认为专利是技术交易中的重要信任指标，本质上专利就是技术交易方能力的重要体现。笔者认为技术交易中的能力是指交易主体为达成交易结果所需的各种能力的集合，既包括行动者的技术能力、专业素养，还包括所交易所需的技术硬件、软件等技术资源。技术交易方的强能力会降低技术不确定性、环境不确定性带来的技术价值风险，增加交易方通过交易实现技术价值的信心。

声誉是影响交易方信任决策的另一重要因素，是交易方过往所有社会活动，特别是经济活动的社会综合评价反映。声誉是人们的印象和认知以及质量的信号反映，是公众对某人或某物的总体评价，是归属于某人或某物的独有的特征或特质(李延喜，2010)。高声誉会为交易方在所有社会经济活动中实现收益提供便利，故高声誉的交易方在机会主义出现时，会自我克制，放弃实施机会主义行为，以免其信誉受损，造成无法承担的收益损失，因此与高信誉的交易方合作会降低交易风险。技术交易中的声誉主要是反映技术交易方在技术交易市场过往交易活动的结果评价，高声誉可以反映出受信方的可信程度，高声誉也意味着交易方不会轻易选择投机行为，除非该投机收益远大于其信誉降低引起的损失，所以，与高声誉的技术交易方合作会降低合作方因行为不确定性所引起的风险损失。

技术交易双方过往的合作经验对于信任的建立也有着重要的借鉴和参考作用。合作经验是指技术交易双方事前的合作经历，包含交易方其他的技术交易的经历，也包含非技术领域交易的经验。合作经验为己方非技术信息的获取提供了广泛的渠道和经验，有利于己方评判另一方在出现不确定情况时的行为表现可能，降低信息非对称的影响。合作经验与技术交易双方之前的博弈频率相关，重复博弈会让交易方更关注未来的收益，放弃交易中实施机会主义的概率，有利于交易双方的信任向更高层次的发展。

在技术交易契约执行阶段，技术供需双方从陌生到熟悉，形成初步信任。此时的交易方为达到预期收益，彼此会投入更多的交易成本，主要包括时间、精力及其他成本，只有进行持续、通畅的交流与沟通，才能相互理解彼此的交易行为，认可彼此的交易动机、价值以及收益等思想和观念，才能愿意尽全力推动技术交易的发展，奠定技术交易成功的基础。这一阶段，影响技术交易信任发展的因素主要是受信方的自身特征。

霍夫斯塔德(Hofstede，1980)认为信任倾向是个人或者组织是否愿意信任他人的一个关键因素，信任倾向是交易方的内在性格特征，是信任他人的一般意愿，是与交易方的不同成长经历、文化背景等因素相关。在技术交易中，趋同的教育背景和经历，相似的文化习俗和行为习惯，相同的价值观和世界观，都会积极促进双方交流沟通的深入，都会呈现出较强的信任倾向，主观上愿意实施信任。在此情境下，当契约因某种原因需要改变时，双方都会积极协商，及时调整契约，而不是去实施机会主义行为，交易的风险处于相对低的水平。

同时，技术交易方个人或关键成员的人格品质也是影响信任的因素之一。具有正直、善意人格品格的人相对容易获得别人的信任。是否正直是用以评判其能否重信守诺，能否言行一致的依据。因为技术交易的契约不完全性，在契约执行阶段，在面对契约调整时，正直的交易方不会因信息优势而主观实施机会主义行为，减少契约再谈判的成本。善意会让交易方愿意在执行契约时主动将隐性、不易观察的技术信息主要披露，传递给另一方，减少交易不确定性的发生。

上文的研究结果表明，只要技术交易活动顺利进行，技术交易供需双方间会频繁的交流、沟通、承诺、守信。信任会从无到有，从低到高，逐步建立与发展。在此过程中，技术交易方的能力、声誉、合作经验、人格品质、信任倾向等要素会对技术供需双方间信任的建立与发展产生重要影响。

### 4.2.3 技术交易信任发展

在社会经济生活中，信任是时刻动态变化的，信任既有可能在关系互动中产生建立，也会因承诺的不兑现被破坏。信任并非一成不变，也并非只存在信任和不信任两种状态(Mayer，1995)。为更准确的研究信任的演变，社会心理学家刘易斯和维格特(1985)首先提出对信任进行维度区分，他们认为信任是多维度基础上产生的，是一种社会事实，而不仅仅是个人的心理现象。具体来说，信任产生的基础有三大方面，即认知基础、情感基础以及行为基础，并将信任划分为认知型信任和情感型信任。

列维奇和邦克(Lewicki & Bunker，1996)在刘易斯和维格特的研究基础上提出了信任发展的三阶段说，其研究假设的前提是：信任关系的产生起点是一种全新的，没有任何交往历史的关系，即在陌生人之间建立信任。良好的信任发展可能经历计算型信任、了解型信任和认同型信任三个维度，其信任强度呈低到高的发展。计算型信任是基于个体对他人行动一致性的假设基础上形成，是相信受信方会在潜在惩罚的威吓下如实履行自己的承诺；了解型信任是基于个体对他人行为的可预测性基础上形成，是与受信方频繁与深入的交往结果；认同型信任是基于对他人需要和意图认同的基础上形成，彼此认同对方行为背后的动机和意图，愿意为对方目的的达成贡献自己的力量，是双方关系和情感的升华，是信任的最高程度。在经济社会生活实践中，并非所有的信任发展都会经历上述三个维度，绝大多数只能发展到计算型信任和了解型信任，达到认同型信任的可能性并不高。

Macllister(1995)赞同将信任分为认知型信任和情感型信任，在一定程度上，两种信任是递增式增长的关系，情感型信任是认知型信任的升华。且无论是在个人交往，还是组织合作过程中，都存在认知型信任和情感型信任维度区分。认知型信任是在有关他人过去可信赖性、可靠性以及职业操守等方面的记录和荣誉等认知基础上形成的信任;情感型信任是双方不断投入情感,对他人提供真诚的情感关怀,并始终认为这种情感投入对双方信任的发展具有重要影响。

Williamson(2016)将信任分为三种维度:算计信任、个人信任和制度信任。作为有限理性的经济人,会根据自己掌握的信息算计出潜在受信方可能的行动,因此产生的信任是计算信任。个人信任则是不经算计产生的信任,是施信方不计成本的分析,侧重于个人关系层次的考量。制度信任指的是契约被嵌入到交易的社会与组织环境,是从宏观层面分析了信任的维度基础。

更多的学者根据信任产生的基础,认为信任还有其他维度,如 Zucker(1986)、张维迎(2002)认为信任除因个人特质产生外,还有制度和信誉维度。Mayer 等将信任分为基于能力的信任、基于善意的信任和基于正直的信任。有学者将组织之间的信任分为以防范为基础的信任,以了解为基础的信任和以认同为基础的信任。综合而言,信任的维度研究,学者们主要从宏观和微观层面给予区分,微观层面上的信任维度主要考量信任主体的个体特征,宏观层面上的信任维度主要考量社会制度特征。信任维度的区分利于辨析信任在建立和演化发展中的影响因素。

可见,对于信任的建立与发展,学者们结合自身研究的目标和需求,主要从宏观和微观层面给予区分。微观层面上的信任维度主要考量信任主体的个体特征,宏观层面上的信任维度主要考量社会制度特征。技术交易中的信任建立与发展应与交易的特征与过程紧密联系起来。当陌生的技术供需双方在市场中相遇时,在经历初步的交流沟通后,对另一方的技术能力、信誉等方面达到一定认知,建立初级信任。在后续签订契约、履行契约的过程中会持续交流沟通,伴随交流的增加,情感的投入随之而来,信任进而进一步升华。可见,技术交易中的信任也并非一成不变,也会从低信任向高信任发展,结合交易过程来看,交易初期的信任是建立在声誉、能力认知等基础之上,交易后期的信任是双方的情感升华,这符合 Macllister 的认知信任和情感信任的划分依据。技术交易中的认知信任可以降低技术交易中逆向选择的影响,有利于交易契约的签订。而技术交易中的情感信任是建立在交易双方长期频繁交流沟通基础上，是交易双方情感深浅的表现，情感信任会让交易双方降低契约签订和执行时的成本，放松契约的条款制约，相信在交易出现不确定时，另一方不会实施机会主义行为，不会主观地损伤己方的利益，反而会利用信息优势实施利他性活动，期望实现交易的共赢。

技术交易中的认知信任和情感信任并非相互孤立，两者存在递进式增长，即情感型信任是以认知型信任为基础。对于一个高质量的技术转移活动，依时间维度可以将其划分为转移伙伴搜索阶段，交易谈判签约阶段和转移实施阶段，认知型信任多建立于转移伙伴搜索和谈判阶段，情感型信任多建立于转移实施阶段。随着双方频繁的交流、沟通、承诺、守信，信任会从低阶的认知型信任逐步演进到高阶的情感型信任。尽管交易的不确定性、信息的非对称性、契约的不完全性阻碍了技术供需双方信任的产生，但施信方的信任倾向，受信方的能力、声誉、正直与善意以及双方的合作经验有助于缓解技术转移固有属性引起的风险，有助于认知信任的产生并演进到情感信任。

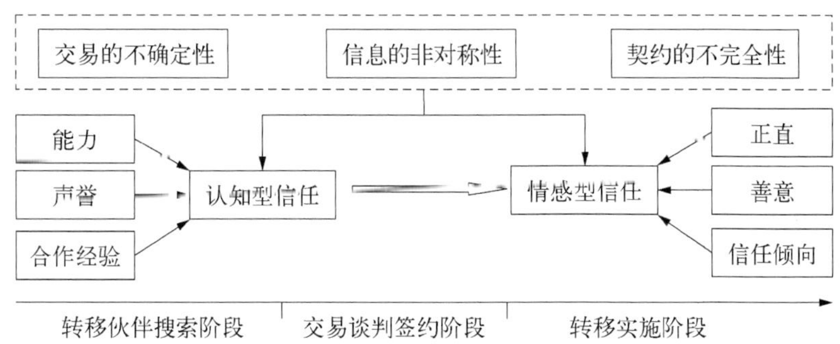


**图 4-1　技术交易中信任发展概念模型**

## 4.3　技术交易中信任的行为影响

在不同的交易市场环境中，信任有着不同的微观行为表现。简单的物品买卖中，信任的行为表现就是不出售假冒伪劣商品；稍许复杂的工程承包活动中,信任的行为表现就是在隐蔽不可察的施工中不偷工减料;在结果后验性的技术交易中,信任的行为表现是什么?上节的研究已经揭示了技术交易中技术供需双方信任的建立受能力、声誉等多因素的影响,在此基础上,本节重点讨论技术交易中信任建立后对交易的具体作用机理,即技术交易主体信任建立后,信任会对主体的微观行为产生怎样的不同表现?

在技术交易活动中,因为技术的后验性、公共物品属性、产权的易逝性等特征,导致交易主体的信息共享水平会对技术交易效率具有关键性影响。在交易活动中,无论是技术提供方还是技术需求方,在向另一方实施信任的同时,会期望受信方能感知到己方的信任,并向受信方承诺未来交易过程中放弃机会主义,以期望受信方感知信任后,将技术信息共享,最大限度降低交易成本,达成交易目标。

### 4.3.1 信任与专用性资产

在技术交易中,交易方要相信陌生人并建立信任受很多因素制约和影响,信任建立的不易会让施信方更珍惜和保护信任免受破坏。为此,施信方会采取信任行动向受信方释放更多善意,采取主动行为推动交易的顺利进行。施信方会选择哪种行为将己方的善意和信任传递给受信方?这种行为能否准确有效地向另一方传递出信任信号?受信方是否会因该信号采取互信行为?这种行为既是技术交易主体因信任产生的直接行动,亦是推进技术交易效率提升的有效路径。

技术交易活动中,施信方会因信任对受信方产生一种积极预期,愿意承担交易的风险,并相信受信方不会由此采取机会主义行为(华冬芳,2016)。而根据社会交换理论的解释,专用性资产是投资行动者向另一方做出的可置性承诺,是承诺在未来交易活动中放弃机会主义的可能(惠双民,2002)。显然,专用性资产投资是交易方一种积极的主观行动,是放弃机会主义的主动表现。在技术交易活动中,信任与专用性资产是否存在一种必然联系,信任是否会导致施信方增加专用性资产投资?专用性投资的增加是否能向受信方传递出准确的信任信号？下面围绕上述问题展开探讨，厘清信任影响技术交易的具体作用路径。

(1) 技术交易中专用性资产的概念

专用性资产是交易成本理论中的重要概念，专用性资产的初始概念是由克莱因(Klein)等提出的，它指只有当某种资产和某项特殊的用途结合在一起的时候，这种资产才是有价值的，否则它的价值就不能完全体现出来，即有损失甚至完全丧失(胡浩志，2013)。Williamson(2016)基于交易成本经济学的理论体系正式阐述了专用性资产的概念，把专用性资产与交易的频率和不确定性作为交易成本经济学的三个维度，他认为专用性资产是在不牺牲其生产价值的条件下，某项资产能够被重新配置于其他替代用途，是被替代使用者重新调配使用的程度。杨瑞龙(2001)认为专用性资产是特定团队开展某项专门活动而进行的持久性投资，其价值主要体现在该活动上，若用作其他用途，其作用难以体现，价值会最大程度地降低。

具体来说，专用性资产具有两个特征，一是该类投资专门为支撑某项交易进行的耐久性投资，二是该类投资若再作他用，其价值就会贬值。结合该特征，技术交易中的专用性资产主要是指技术参与方为达成交易目标持续进行的人力、财力、物力、场地等的专门投资，这种投资会持续于技术交易活动的整个过程。根据 Williamson 对于专用性资产的分类方式，可将技术交易中的专用性资产分为：专用人力资产、专用实物资产、专用场地、专用品牌资产、专用特定用途资产以及专用暂时性资产等。受王节祥等人研究的启发，从专用性资产投资是一方还是双方行为，又可区分为单方投资的单边专用性资产和双方都投资的双边专用性资产。

(2) 技术交易中专用性资产的作用

对于技术交易而言，交易是否成功的关键指标就是技术需求方是否掌握该技术的核心信息，并通过技术的扩散应用创造新的价值。但技术并非一成不变，坐等使用者发挥其价值，正如美国技术经济学家 Arthur 所言："技术并非是总体上很静态，只是偶尔发生变化的事物。正好相反，技术是一种非常易变的东西，它是动态的、活的，会随时间发展而不断进行构成和发生变化。”显然，要想实现交易技术的价值，其应用条件与环境复杂且苛刻。因此，无论是技术交易的任一方，都必须投入相当的人力、物力、财力等专用性资产来应对技术应用时内外部的动态变化，以达到交易目标。对于技术供需双方而言，进行专用性资产投资既是技术的客观要求，亦是交易供需双方的内在需求。对于技术交易活动，专用性资产的投资会对交易产生以下独特影响。

专用性资产具有交易的锁定效应。张维迎(1996)认为专用性资产一旦投入，在交易双方之间就会形成一种套住效应，在一定程度上就锁定了当事人之间的关系，契约关系就会发生“根本性转变”，投资的一方会存在被要挟的可能。而投资方为降低这种可能，会对交易伙伴形成强依赖，以规避因交易的失败而引起的损失。专用性资产投资越强，这种依赖性就越大，如果交易中只是一方进行单边专用性资产投资，那投资方被交易另一方的机会主义行为损害的可能性就越大；而如果交易双方都进行专用性资产投资，形成双边专用性资产投资，那对于双方而言都存在被另一方机会主义行为损害的可能，若双方都感知到对方的专用性资产投资存在的话，为降低这种损害可能，双方会“互锁”，并形成一种良性的互惠依赖，分享因专用性资产投资产生的剩余价值。

专用性资产会充分展现投资方的技术能力。技术能力是甄别和评价技术交易主体是否适合的核心要素，与没有技术能力或低技术能力的交易方交易，最终的结果必定不甚理想。因为，专用性资产是与沉没成本相关联的，一般情况下，专用性资产一旦投入，若不能发挥作用，其价值就不可能全部收回。也就是说在交易过程中，由于交易失败，专用性资产只有牺牲部分、甚至全部的生产价值才能改变这种资产的用途(牛德生，2004)。在技术交易中，由于技术能力的差异，低技术能力方投入相同的专用性资产与高技术能力方相比，其达成交易的技术目标的可能性要小得多。因此，作为有限理性的低技术能力交易方而言，在沉没成本存在，收益又无法确定的情况下，其进行专用性资产投资则会相当谨慎，而高技术能力的交易方才则无惧这种专用性资产投资，高技术能力的投资方是有信心能分享因交易产生的可占用性准租金。

专用性资产是可信度高的“立誓”表现。技术交易中的专用性资产是一种不可回收的投资，与单纯的物质资产专用性投资相比，技术交易中还包含知识专用性投资，这种投资在更大程度上增加了交易方在转换交易对象时所需额外支出的成本。原因在于，技术知识的积累需要耗费大量的时间并具有较强的路径依赖性和“时间压缩不经济性”，这使得技术供需双方很难在短期内寻找到或培养出能够替代的交易伙伴(周俊，2015)。正如惠双民(2002)所言，从信息经济学的角度出发，不可收回的专用性资产投资是一种抵押作用，起到了一种可置信的承诺，体现了参与者的诚意。在技术交易中，技术交易主体进行专用性资产投资实质就是对另一方“立誓”，立誓其具有达成交易预期的各项能力，否则其自愿承担因专用性资产投资引起的损失。在一定程度上，专用性资产的投资强度直接影响了交易另一方对其承诺水平的感知，进而会影响另一方的行为决策。专用性资产投资越强，交易另一方感知到的承诺水平越高，采取互信行为的可能性增加，交易成功的概率增大。

(3) 技术交易中信任与专用性资产的关系

交易成本理论认为，经济人的理性是有限的，且具有机会主义倾向，而有限理性使得交易的契约不完全。因为有限理性和契约的不完全性，一方参与者专用性资产的投入导致另一方实施机会主义行为以赚取准租而成为可能。机会主义行为是“一种基于追求自我利益而采取的狡诈式策略行为，包括隐瞒或扭曲信息，尤其是有目的的误导、掩盖、迷惑或混淆”。对于专用性资产投资方而言，另一方的机会主义行为对其会是沉重打击，投资方会情感失落，再次交易的可能性微乎其微。但专用性资产投入是网络的一个重要特征(惠双民，2002)，要达成交易预期，必须要进行专用性资产投入。

事前契约激励设计和事后治理是交易成本理论的核心解决思想。然而，社会交换理论关于专用性资产和机会主义之间的关系却持有截然相反的观点。其核心思想是专用性投资可看作是投资方对放弃机会主义的可置信承诺，并建立自我实施的私人秩序，主动约束自身的机会主义行为，增强履约能力，利于合作关系的建立(惠双民，2002；程宏伟，2004；刘，Liu，2009)。惠双民

(2002)对此进一步解释,具有机会主义的有限理性的交易参与者为了追逐自我利益,通过进行不可收回的专用性投资而形成可置信承诺,建立起自我实施的私人秩序。这种私人秩序就是网络,其扩展表现为网络效应或网络外部性。网络效应的制度支持就是有保障的信誉或信任。这种信任是参与者个体为了扩展利益机会通过将不可收回的专用性资产作为抵押品而形成可置信承诺建立起来的,其逻辑是专用性资产投资利于信任关系的建立。

那么,在技术交易中专用性资产和信任究竟存在何种作用关系?由于技术交易的缄默性、后验证性等方面的交易特征使得交易中人力专用性投资比例高于其他类型交易,运用社会交换理论能够厘清两者之间的关系。人力专用性投资的产出更依赖人的行为,人的行为决策往往受交易方之间的相互关系,尤其是信任关系的影响。根据前文研究分析,技术交易中信任的建立非朝夕即促,只有在诸多因素条件均满足后方能实现。其中,技术能力是投资方建立初始信任的基础目的之一,当施信方建立初步信任后,即已相信受信方具备交易所需的技术能力,并认为受信方是善意的,相信受信方不会因交易不确定性发生机会主义行为,相信受信方会共享专用性资产带来的剩余价值,不会无节制地攫取该部分利益。此时的施信方为达成交易预期,会积极向受信方表达其信任程度,以期能让受信方能信任己方,建立相互信任,进而将不易受契约约束的隐性技术知识进行披露和传递,实现技术价值。

怎样让受信方能感知到自己的信任呢?简单的言语和行为并不能传递这种信任,只有复杂、具有价值的行为表现才能让受信方感知到这种信任。此时,由于信任,施信方会放松增加专用性投资转为沉没成本的风险担忧,因为施信方是相信受信方是善意的,并不会因专用性资产的增加而“要挟”己方,不会采取机会主义行为。放松这种风险担忧后,主动增加专用性资产投资成为施信方信任后必然采取的行为决策。因为,增加专用性资产投资,一是可以向受信方“立誓”,向受信方承诺放弃机会主义,并用这部分专用性资产作为“立誓”的抵押品;二是向受信方展示其具备完成此次交易所需的技术能力,期望双方彼此依赖;三是向受信方传递善意,告知对方当交易在因契约不完全需要再谈判时,其是善意的,再谈判达成结果并不困难。技术交易中信任的作用黑匣实质是，因为信任，施信方会增加专用性资产投资，并通过专用性资产投资诱导受信方建立对己方的信任，参与到技术交易活动中，实现合作共赢。

因此，技术交易中的专用性资产与信任应是一种积极的相互促进的关系。施信方因为信任，会加大专用性资产投资，进而会增强另一方的信任感知，如此往复，双方会形成良好的信任关系。然而，只有一方的信任和单边的专用性资产投资增加，机会主义风险还是一样存在，在技术交易中，只有相互信任，进行双边的专用性资产投资，技术交易的效率才能提升。

### 4.3.2　信任与信息共享

(1) 技术交易中信息共享的概念

技术交易中的信息共享是指技术交易供需双方在特定范围内，将已有的全部或部分技术相关信息提供给交易的另一方，以达到信息价值的共享利用。从社会交换理论来看，技术交易供需双方的信息共享是一种重要的资源交换行为，这种交换行为会使交换双方关系更加紧密，降低双方的沟通障碍(曾敏刚，2013)。此外，信息共享内容越宽泛，信息共享质量的越高，则交易成本越低(叶飞，2011)。

前文的分析研究结果表明，技术交易在市场中发生的前提是技术供需双方之间存在技术势差。本质上，因为信息非对称性的存在技术交易才会发生，但降低技术供需双方的信息非对称程度却是制约技术交易顺利进行的最大障碍。在技术交易活动中，技术供需双方的交易目标是为了降低技术供需双方之间的信息势差，并最终实现技术需求方对交易技术的吸收和扩散应用。在交易初期，技术提供方是信息优势方，只有技术提供方具有信息共享的意愿和付诸信息共享行动，技术交易结果才有实现的保障。在交易实施阶段，技术需求方在技术生产、应用和市场反馈等方面是信息优势方，只有技术需求方将该类信息共享，技术的价值才能展现和增值。显然，技术提供方与需求方的信息共享水平对技术交易效率具有决定性影响，信息共享水平是技术交易活动信息非对称影响程度的重要反映，信息共享水平越高，说明信息非对称的影响越低。

### (2) 技术交易信任与信息共享的关系

在日常的经济生活中,信任会释放和调动人的能动性,释放对他人创造的、不受抑制的、革新的、企业家式的积极精神;信任能扩大互动范围,促进人与人之间的联合;信任能促进沟通的扩展,促进集体行动;信任能增强合作;信任能降低交易成本。对于信任能降低交易成本这一功能作用得到了经济学家的普遍认可。North 认为,在人们的信息和计算能力有限的条件下,人们之间的相互信任降低了人们相互作用的交易成本。Williamson 指出市场中信任是存在的,是经济生活的润滑剂,能降低交易成本。

在技术交易中,信任会诱导交易双方增加专用性资产投资,形成良好的情感关系,信息共享意愿的主动性增强。对于技术提供方而言,当其信任技术需求方,愿意与技术需求方共享相关的技术隐性知识,特别是技术关键或诀窍时,则会大大降低技术需求方的技术接受成本。张运华(2016)运用实证数据验证了上述结论,当交易一方信任另一方具备实现交易的技术能力时,施信方就会对交易预期充满信心,增大专用性资产投资,主动、积极共享高质量和广范围的信息,以期实现交易的最大收益。

### (3) 信息共享与技术交易效率的关系

技术交易活动中,技术交易供需双方高水平的信息共享,有利于降低交易中的各种不确定性,降低交易成本,提升技术交易效率。不确定性是技术交易的主要风险源,不确定性遍及交易全过程(吴凡,2010)。前文的研究表明,基于产生源的不同,技术交易中不确定的风险主要是技术不确定性、环境不确定性以及合作伙伴行为不确定性引起。技术交易的不确定性会导致技术交易的风险增加,会让双方无法对交易结果做出较为理想的判断,更难以达成完备的契约,这对交易双方未来的合作发展产生了影响。同时,技术交易的不确定性容易诱发机会主义行为,也使得交易双方的关系更加地复杂,使技术供需双方长期处于猜忌、不安的情绪环境中。而信息的充分共享,则会让不确定性引起的风险处于较低水平。当双方的信息共享处于较高水平时,会控制技术应用的各种条件，进而降低因技术本身不确定性发生的可能，让技术应用沿着预期的效果发展；同时，技术供需双方会共享技术的市场环境变化，包括资金、人员、政策变化等，使得环境变化的不确定性不会引起信息劣势方的风险；此外，充分的信息共享也是向另一方在传递其放弃机会主义的承诺，使得另一方不用担心伙伴行为不确定性引起的机会主义风险。

## 4.4　技术交易信任信号传递模型

前文的研究证实，技术交易中，信任的建立会促进施信方增加专用性资产投资，那是否意味着施信方的信任程度会决定其专用性资产投资的强弱，反之，专用性资产投资强度则反映了交易方对己方的信任程度。也就是说，在技术交易活动中，通过对专用性资产的评判我们就可以感知到交易方对己方的信任程度，并依此做出后续行动的决策。客观上，专用性资产投资传递了信任，是一种信任信号。

### 4.4.1　技术交易信任信号的选择

已有部分学者借用专用性资产作为传递信号开展了相关研究。在市场信用研究方面，有学者选择用企业专用性投资作为产品质量的传递信号，区分我国市场中企业信用状况（马本江，2011）。在外包服务研究方面，有学者通过建立区分具有长期合作意愿的服务外包意愿供应商的模型，验证了专用性人力资本作为信号的可行性（王路玲，2011）。在股票期权研究方面，有学者认为，上市公司的专用性资产投资是控制性股东对中小股东的一种可置信承诺信号，尽管这种信号会由于股东控制权与现金流权的分离而造成信号的减弱，但在现有股权市场，仍不失为一种可观测的信号（孙毅，2015）。可见，现有研究已经证明选择专用性资产作为传递信号研究有关经济问题具有一定的理论基础和实践经验。

学者们的研究结果表明，在社会经济活动中，交易方的某些行动或行为可以作为传递信息的信号，原因在于信息发布方在发布和传递该类信息时会产生成本，而且将该类信息传递给不同的交易方时，这种成本存在不同，这就能有效地区分不同的信号发布方，产生分离均衡。在技术交易活动，从成本角度考量，具有机会主义倾向的交易方不具备增加专用性资产投资的意愿，而只有建立信任的交易方才进行专用性资产投资。根据信任程度的不同，交易方进行的专用性资产投资也存在差异，因此，专用性资产投资强度的不同是能有效区分不同交易方的信任程度。同时，专用性资产在一定程度上可以反映投资方的履约动机，专用性资产的可占用性准租的存在会约束主体行为，从而提高承诺的可信性和可靠性。高专用性投资客观反映了投资方对未来收益的较高预期，且表现出较低的违约动机，呈现出较高的交易成功信心（张敦力，2013）。

综合而言，增加专用性资产投资不仅是技术交易方因为信任进行的直接决策行为，同时，会向交易的另一方传递己方的信任，释放己方的善意，因此，可以选择专用性资产投资作为信任传递信号。毋庸置疑，在技术交易中，由于技术的专有属性，任何一个交易方的专用性资产都具有成本。其次，专用性资产投资的高低是技术交易方技术能力的重要反映，只有真正具有能力的交易方才会投入更多的专用性资产。再者，专用性资产作为信号体现交易方的信任程度，唯有信任的交易方才会进行该类资产的投资。

### 4.4.2 技术交易信任信号传递模型构建

本小节通过专用性资产作为传递信号，检验其是否可行、有效以及是否具有清晰的区分度，从而构建技术交易信任信号博弈模型，分析技术交易中信任的作用机理。技术交易活动中，技术供需双方是博弈的两个主体，信息共享程度决定了技术交易的成功与否，是供需双方多次博弈的结果，并非由技术提供方或需求方中任何一方的策略选择所决定。因此，技术供需双方间的策略选择是相互依赖，相互依存的，任何一方的策略选择的变化都会对另一方的策略选择产生影响，直接影响了双方的信息共享程度。

本节借鉴麦克尔·斯宾塞(Michael Spence，1973)劳动力市场模型，斯宾塞认为在教育市场中，高低能力的求职者可以通过教育这个信号进行传递和区分，选择教育作为信号有以下两层含义，首先教育是需要成本的，其次高低能力求职者的教育成本是不同的，高能力求职者需要传递的教育信号的成本是低能力求职者所无法模仿的。由此教育这个信号能使高低能力的求职者顺利区分，使高能力的求职者通过传递教育信号谋求到适合自己能力水平的工作，消除因逆向选择带来的不利影响，也实现了劳动力市场的高效率。根据劳动力市场模型，笔者选用专用性资产作为传递信号，施信方增加的专用性投资会形成诸如人员数量增加、人员水平提高、技术专有设备等显性形式，便于受信方的考察，一方面是施信方实施的自我约束，起承诺担保作用，一定程度上解决技术交易中的逆向选择问题，降低双方的交易成本；另一方面，因资产的专用性程度高，信号成本不容易模仿，避免了传递信号的趋同。

(1) 参数设计

技术交易活动中，当施信方建立信任后，会对交易结果产生一定预期，迫切需要向受信方传递这种信任信息，以利于受信方尽快与己方形成高强度的信任互动，实现双方的信息共享，达到交易效率的提升。受信方也会根据感知到施信方的信任程度进行行为决策，决定信息共享的程度，但受信方无法准确感知施信方的信任强度。设施信方的信任的真实强度为 $\theta$，按其强度分为高信任 ($\theta=2$) 和低信任 ($\theta=1$)。为简化分析，假定施信方的信任强度属于高信任，和低信任的先验概率相等。

技术交易活动中，施信方为信号发射方，受信方为信号接收方。技术供需双方要在相互博弈中做出准确判断和正确决策，关键在于施信方能传递出真实有效的信号。基于此，本书引入专用性资产为传递信号，设为 $\lambda$。作为拥有高信任的施信方，会有很强的意愿传递给受信方非核心信息以外的辅助信息，会进行大量的专用性投资以获取受信方信任并实现信息共享。施信方会增加专用性资产投资，主要包括为满足交易需求专门建设的中试设备或装置、专门组建的项目团队、持续的项目介绍、交流会等，这类投资若无法与受信方完成交易，更多的是无法回收的沉没成本。对于低信任的施信方，由于其对受信方的信任程度低，认为技术交易无法达到预期收益，为减少沉没成本，则不会投入太多的专用性资产用于交易活动。对于受信方而言，这类专用性资产是可观察和测量的，能为其交易决策提供重要参考。专用性资产作为信号，释放的是施信方技术实力、合作意愿、机会主义等信号，是对受信方的一种可置信承诺。

(2) 信号传递模型

**1) 信号传递过程**

依据斯宾塞(1973)劳动力市场模型，遵循序贯理论要求进行不完全信息动态博弈：① 引入“自然”作为虚拟参与人，自然选择交易施信方的类型；② 施信方根据自身的信任程度，将专用性资产 $\lambda$ 作为信号传递给受信方；③ 受信方观察到信号 $\lambda$ 后，由贝叶斯法则求得后验概率；④ 交易双方信息共享。

**2) 模型构建**

根据上述参数设计，在技术交易活动中，施信方的预期信息共享水平可看作是信任强度 $\theta$ 与专用性资产 $\lambda$ 的函数，参考曹兴等(2011)技术联盟合作伙伴选择博弈模型并作一般拓展。施信方的预期信息共享水平设为 $E(\theta,\lambda)=\alpha_1\theta+\alpha_2\lambda+\alpha_3\theta\lambda$，其中 $\alpha_1$、$\alpha_2$、$\alpha_3$ 为分别为信任、专用性资产以及两者交叉作用对技术提供方预期收益的影响系数，且 $\alpha_1$、$\alpha_2$、$\alpha_3>0$。$\theta\lambda$ 可理解为信任与专用资产之间产生的相互作用。也就是说，当施信方处于高信任强度时，会有较强的交易意愿，会愿意增加专用性资产投资，并期望通过专用性资产的投资实现高水平的信息共享，以获取更大的收益。例如：某科研院所新发明某一项技术，当企业具有交易意愿时，科研院所信任该企业，相信该企业具备交易的资金和技术能力，为将这种信任给传递到该企业，科研院所会投入人力、时间、财力等为企业量身定做中试设备，并进行现场试验，以试验效果降低企业顾虑的技术风险，促使双方技术交易的发生。如果试验成功，企业会信任科研院所，决定进行技术交易并共享相关信息，这部分因信任增加的专用性资产投资能为科研院所获取更多的溢出收益。可见，施信方的信任强度直接影响施信方专用性资产投资，专用性资产投资的高低也反映出施信方的信任程度高低。

由于施信方存在两种信任类型，施信方的预期信息共享水平函数表示为如下形式：

$$E(\theta,\lambda)=\begin{cases}E_1=\alpha_1+(\alpha_2+\alpha_3)\lambda, & \theta=1\\ E_2=2\alpha_1+(\alpha_2+2\alpha_3)\lambda, & \theta=2\end{cases}$$

同时，根据施信方的不同信任强度和预期信息共享水平，受信方也会给出施信方一定的预期信息共享水平，预期的共享水平函数为：

$$W(\theta,\lambda)=bE(\theta,\lambda)$$

式中，$b$ 是需方根据施信方专用性资产投资传递的信号，对信任强度进行判断后给出的供方预期收益系数，$0\leqslant b\leqslant 1$。

令 $U_\theta(w,\lambda)$ 为信任强度为 $\theta$ 的施信方效用函数，假定 $\frac{\partial U}{\partial w}>0$，$\frac{\partial^2 U}{\partial w^2}\ll 0$，$\frac{\partial U}{\partial \lambda}<0$，$\frac{\partial^2 U}{\partial \lambda^2}<0$。根据经济学解释，预期信息共享水平会给施信方带来正效用，但随着预期信息共享水平的增加，给施信方所带来的边际效用将呈现出递减或是不变的趋势；而随着施信方专用性资产投资的增加，相对的成本也增加，给施信方带来负效用，且随着专用性资产投资的增加，边际成本的增加，施信方的边际效用也将呈现递减趋势。反映在 $(\lambda,w)$ 二维空间，就可以得到两条斜率为正且递增的无差异曲线。专用性资产对于低信任强度的施信方效用的影响大于对高信任强度的施信方效用的影响，即 $\frac{\partial U_1}{\partial \lambda}>\frac{\partial U_2}{\partial \lambda}$。在几何图形上，表现为低信任的施信方无差异曲线要比高信任的无差异曲线更陡峭，即专用性资产多投资 1 单位，低信任的施信方所需补偿收益高于高信任的施信方，且两者在 $(\lambda,w)$ 二维空间上仅有一个交点。

### 4.4.3 技术交易信任信号传递模型分析

(1) 模型分析

在完全信息情况下(完全信息动态博弈),最优均衡解在无差异曲线和收益曲线的切点处,即为图 4-2 中的($A$,$B$)。即 $A$、$B$ 点分别为低、高信任的施信方在完全信息条件下的均衡解。

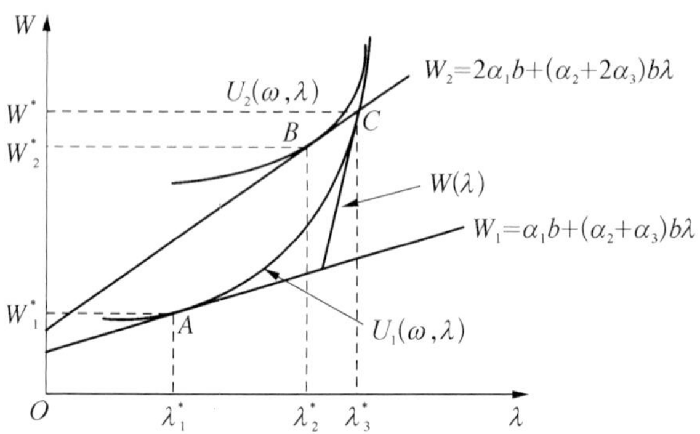


**图 4-2 专用性资产信号传递模型分离均衡图**

但在不完全信息情况下,不完全信息给低信任施信方提供了伪装成高信任施信方的机会,伪装的方法是增加专用性资产投资,但是否采取伪装,取决于伪装的成本。当 $U_1(w_1^*,\lambda_1^*)>U_2(w_2^*,\lambda_2^*)$ 时,低信任施信方的效用高于高信任施信方的效用,则其没有动机增加专用性资产投入;而当 $U_1(w_1^*,\lambda_1^*)<U_2(w_2^*,\lambda_2^*)$ 时,低信任施信方为获取更高的效用,会选择增加专用性资产投资,伪装成高信任施信方,为了区分出不同类型的施信方,我们讨论其分离均衡。

前文已假定施信方的信任强度属于高信任和低信任类型的先验概率相等,可令 $\mu(\lambda)=\mu(\theta=1\mid\lambda)$ 为需方在观察到施信方所投入的专用性资产后认为其属于低信任的后验概率,同样 $1-\mu(\lambda)$ 为施信方属于高信任的后验概率。根据精炼贝叶斯均衡定义,存在一个预期的收益函数 $W(\lambda)$,一个专用性资产投资水平 $\lambda^*(\theta)$ 和后验概率 $\mu(\lambda)$,使得:

1）给定 $W(\lambda)$，$\lambda^*$，最大化 $U_\theta(w(\lambda),\lambda^*)$；

2）$W(\lambda^*)=\mu(\lambda^*)[\alpha_1 b+(\alpha_2+\alpha_3)b\lambda^*]+[1-\mu(\lambda^*)][2\alpha_1 b+(\alpha_2+2\alpha_3)b\lambda^*]$；

3）$\mu(\lambda)$ 符合贝叶斯法则。

对条件 2)进行整理可得：

$W(\lambda^*)=[2-\mu(\lambda^*)]\alpha_1 b+[\alpha_2 b+(2-\mu(\lambda^*))\alpha_3 b]\lambda^*$，因为 $\mu(\lambda^*)\in[0,1]$，可得，$W(\lambda^*)$ 是位于 $W_1=\alpha_1 b+(\alpha_2+\alpha_3)b\lambda$ 与 $W_2=2\alpha_1 b+(\alpha_2+2\alpha_3)b\lambda$ 之间的一条曲线。

观察图 4－2，根据精炼贝叶斯均衡条件 1)，满足均衡点的条件是价值曲线 $W(\lambda)$ 必须在过均衡点的无差异曲线的下方；根据精炼贝叶斯均衡条件 2)，满足均衡点条件是均衡点必须落在各自相对应的价值曲线 $W(\lambda)$ 上。由以上两点，我们可得在不完全信息条件下，$A$ 点为低信任施信方的均衡点，$C$ 点为高信任施信方的均衡点，其中 C 点是 $W(\lambda)$、$W_2=2\alpha_1 b+(\alpha_2+2\alpha_3)b\lambda$、$U_1(w,\lambda)$ 三条曲线的交点。当高信任施信方选择专用性资产大于或等于 $\lambda^*$，低信任施信方的伪装成本大幅增加，效用降低，则会选择 $\lambda^*$；而当受信方观察到施信方专用性资产投资大于或等于 $\lambda^*$，需方认为此时施信方为低信任的概率为 0，会选择支付预期收益 $W_2$。

当 $\lambda<\lambda^*$ 时，尽管对于不同信任的函数存在着不同的分离均衡，但可以使用非均衡路径上劣策略剔除办法，应用 Kreps 的直观标准，可以剔除掉所有的混同均衡，只存在一种分离均衡是合理的，即低信任施信方最优选择为 $A$ 点，为完全信息条件下低技术价值供方的均衡策略。

当 $\lambda\geqslant\lambda^*$ 时，对于低信任施信方而言，尽管可以传递给受信方充分的专用性资产投资信号，使受信方认为其是高信任的，然而由于伪装成高信任的专用性资产投资成本太高，其获得的效用低于或等于在 $\lambda_1^*$ 点的效用，所以低信任施信方的最优解还是在 $A$ 点。对于高信任施信方而言，任何大于 $\lambda^*$ 的专用性资产投资是低信任施信方无法模仿的，其没有必要选择大于 $\lambda^*$ 的专用性资产投资。因此，$\lambda^*$ 是高信任施信方将自身与低信任施信方区别开来的最低专用性资产投资，即高信任施信方最优选择为 $C$ 点，为该信号传递模型分离均衡解，并且 $\Delta\lambda=\lambda^{*}-\lambda_{2}^{*}$ 是为实现分离的最少的额外专用性资产投资。

（2）结果讨论

在技术交易活动中，因为技术的后验性、公共物品属性、产权的易逝性等特征，导致交易主体的信息共享水平对技术交易效率具有关键影响。在交易活动中，无论是技术提供方还是技术需求方，在向另一方实施信任的同时，会期望受信方能感知到己方的信任，并向受信方承诺未来交易过程中放弃机会主义，以期望受信方感知信任后，将技术信息共享，最大程度降低交易成本，达成交易目标。

技术交易信任信号传递模型分析结果证明，在技术交易活动中，技术交易方建立信任后为达成预期交易目标，实现信息共享的高水平，会积极传递己方的信任，向另一方做出一种可置信承诺行为，这种因信任产生的技术交易主体微观直接行为就是增加专用性资产投资。

## 4.5 技术交易中的信任作用

本章探讨了信任对技术交易主体微观行为产生的行为影响，依据信息非对称理论，分析当一方建立信任后，为达成互信，技术交易主体会具有积极向另一方传递这种信任的内在驱动力，这种内在驱动会促使交易主体增加专用性资产投资。进一步选择专用性资产作为信任信号，构建信任信号传递模型，区分信息共享水平的高低。研究结果表明，技术交易信任的具体作用路径是“信任—信息共享—技术交易效率”，且信任并非是单方的，是一个动态互动发展过程，相互信任的技术供需双方因为信任会达成双边的专用性资产投资，形成互锁，实现信息共享的高水平，提升技术交易效率。

信任信号传递模型分析的结果表明，在技术交易活动中，选择专用性资产作为传递技术交易方的信任信号具有理论和实践依据。因为，只有可信任的技术交易方才会增加专用性投资，诸如，增加交易人员数量、增加技术专有设备等专用性资产投资的显性形式，这对于交易另一方而言都是可观察的。同时，专用性资产投资的增加，是施信方实施的自我约束，是对己方承诺的背书，有利于减少交易中逆向选择的发生，降低交易成本转为沉没成本的概率；同时，由于技术交易中的专用性资产投资具有高专用性特征，选择其为信任传递信号具有可观察性，避免了与其他行为传递信号的交叉。技术交易主体根据可观察的专用性资产投资评估施信方的信任程度，进而决定己方的后续行动，决定是否将己方的优势信息共享给施信方。可见，在技术交易中，信任通过专用性资产投资的高低影响交易双方之间的信息共享水平。

信息共享后的技术供需双方会降低技术交易过程中的各种不确定性引起的风险，会削减双方的不安情绪，会在不确定性的风险产生时，充分考虑双方的利益，妥善处理产生的不利影响，会降低技术交易的不同阶段的交易成本。

在技术交易计划阶段，技术供需双方在初步的交易需求基础上，通过多种渠道去搜寻各自的需求的交易方，经过各自的筛选后，双方达成初步的合作交易意向。这个过程主要是交易方的搜寻阶段，从众多潜在交易方中筛选出具有合作意向的交易方所产生的成本是交易成本构成的主要原因。对于没有合作经历的技术交易供需双方来说，这个阶段是从陌生到认知到选择的过程。技术需求方在技术市场中搜寻技术提供方时，会对潜在技术提供方提供技术的价值进行评估，然而，因为信息非对称和其技术能力劣势的客观事实，技术需求方即使花费大量的时间、人力、物力、资金，也未必能对技术的真实价值形成准确判断。同时，技术提供方既要向技术需求方展示技术的价值，但又担心释放太多信息后，技术需求方会发生机会主义行为，“要挟”己方，降低技术的交易价值。为此，双方为保护自身的利益不受侵犯，会投入更多的信息保护成本，增大交易成本。高信息共享水平使得技术提供方不会粉饰和增加信息共享难度，技术需求方只需花费较少成本去甄别技术的价值，双方在较短的时间内迅速达成交易的初步意向，进入到后续交易的合约谈判阶段，该阶段的交易成本大大降低。

在技术交易谈判阶段，双方会依据自我目标进行合约谈判，以期尽可能达成完善的契约。技术交易的不确定性，信息的非对称性使得合约的完全性变的没有可能。作为有限理性的经济人，为保护自己的利益，会将所有可预期的风险一一界定，增加契约签订的成本。此时，双方若能共享信息，并处于高水平状态，会让双方能明确感知，因交易不确定发生的契约再谈判风险有限，双方都不会因此产生机会主义行为，即使合约中没有这方面的规定。进而，双方会在较短时间内签订交易契约，让交易进入到实质的实施阶段。在技术交易实施阶段，信息共享会让交易双方减少不必要的成本投入，在执行契约时，出现因不确定性产生的不可预期结果时，双方会“有商有量”，会对已经签订的契约进行补充或修改，减少沉没成本产生的可能。可见，无论在技术交易的何种阶段，高水平的信息共享必能对交易产生积极的影响，会显著降低技术交易的交易成本，提高技术交易效率。

# 第五章
# 技术交易主体微观行为动态博弈

现今的技术交易已发展成为由技术提供方、技术需求方和技术中介三大主体构成的一个系统(徐雨森,2011)。由于分工的不同,技术提供方、技术需求方和技术中介参与交易的目的存在差异,致使市场中出现技术中介参与和不参与两种不同的交易方式,并展现出各自不同的交易特征。这两种情境下,技术供需双方的信任与否是否会对技术交易产生决定性影响?这种影响是否存在异同?这是本章研究的重点。

既有相关的行为主体信任关系研究方法可以分为两大类:一类是信任影响因素实证研究,常用调查问卷法分析变量与信任水平之间的关系;另一类是以博弈论为分析工具,通过微观主体行为博弈对所提出的假设和结论进行分析。本章选用主体行为博弈实验来研究不同情境下的信任与技术交易主体间的关系,为后续的实证分析奠定基础。

## 5.1 技术交易中的信任动态博弈理论基础

### (1) 演化博弈理论

最早的博弈思想可以追溯到两千多年前我国古代齐威王的"田忌赛马"的故事,从 20 世纪初学者开始关注博弈问题的研究,1913 年策梅罗(Zermelo)提出了第一个关于博弈的定理——“逆推归纳法”后陆续出现关于博弈论的早期探索和文献，1944 年诺伊曼（Neumann）和摩根斯顿（Morgenstern）出版了巨著《博弈论和经济行为》，被誉为在博弈论历史上享有类似哥伦布新大陆发现者的地位，拉开了博弈论历史的序幕。1950 年纳什（Nash）提出的“纳什均衡”概念将博弈论推向了第一个研究高潮，将博弈论扩展到非零和博弈。20 世纪 40 年代至 70 年代期间涌现了许多优秀的研究成果，1950 年梅尔文（Melvin）和莫莱尔·弗莱德（Merrill Flood）进行了“囚徒困境”博弈实验，夏普里（Shapley）提出了合作博弈中的“夏普里值”（Shapley Value）概念，1959 年奥曼（Aumann）提出了“强均衡”概念，泽尔腾（Selten）提出了“子博弈完美纳什均衡”和“颤抖手均衡”，哈桑尼（Harsanyi）发表了不完全信息博弈理论系列文章，奠定了信息经济学发展的基石。博弈论一举成为经济学中发展最迅速和影响最大的分支学科，从一种不为一般经济学家知晓的应用数学理论，一跃而变成主流经济学最热门的内容。经济学家哈特（Hart）曾高度评价博弈论可以视为整个社会科学理性一脉的总括。诺贝尔经济学奖获得者迈尔森（Myerson）教授曾说，发现纳什均衡的意义可以和生命科学中发现 DNA 双螺旋结构的意义相媲美。20 世纪 90 年代 Nash、Harsanyi、Selten 三位致力于博弈论研究的诺贝尔经济学奖的获得更进一步促使了博弈论的强势发展，博弈论成为了理性行为分析最核心的分析方法。

在这期间“演化博弈论”的提出与发展得到了学者的广泛重视，它突破了传统博弈论“完全理性”的理论基础约束。演化博弈理论最早来源于生物进化论，早在 1930 年遗传生态学家费希尔（Fisher）在研究动植物的合作与冲突行为时，发现动植物在多数情况下可以不依赖任何理性假设，凭本能的直觉或者模仿较成功的策略行动做出策略选择。1967 年汉密尔顿（Hamilton）提出了动植物在争夺配偶的局部竞争中性别比的“无敌策略”。随着史密斯（Smith，1973）和普莱斯（Price，1974）提出基本均衡概念——演化稳定策略，标志着演化博弈理论的正式诞生。一些经济学家开始把演化博弈论应用到经济学领域，在产业组织、市场体制、制度分析、机制设计等方面取得了成功的应用，并发展成为一个经济学的新领域。泰勒（Taylor）与琼克（Jonker）（1978）提出的另一个重要的基本概念——模仿者动态，将演化博弈论推向了研究高潮。演化博弈论在经济学领域有其独特的应用优势，一是演化博弈理论以微观个体为研究对象，把其行为的调整过程看成是一个动态系统，将影响其行为的各种因素纳入演化博弈模型，构成一个具有微观基础的宏观模型，更真实地反映行为主体的多样性和复杂性，并可以为宏观调控群体行为提供理论依据（易余胤，2005）。二是演化博弈论采取有限理性假设，行为主体对于经济规律或成功的行为策略的认知，可以通过演化过程不断地学习调整，直至成功的行为策略被模仿，行为主体获得良好的收益。三是经行为主体选择后的行为策略具有一定的惯性，这也保证了演化过程呈现一定的规律性，预测演化过程的长期趋势具有一定的可操作性。

(2) 信任研究中演化博弈理论的应用

信任作为社会科学理论探讨与实证研究的热点是近半个世纪以来的事，社会心理学家 Deutseh 关于信任的“囚徒困境实验”开创了信任研究的先河。博弈论则作为信任研究最重要的分析工具，通过行为主体互动博弈对所提出的假设进行分析，揭示信任的内在演化机理。这种有效的研究路径为国内外技术创新主体的行为研究提供了一种全新的视角，柴国荣（2011）、方静（2013）分析了产业集群合作创新中信任关系的演化博弈过程，韩亚品（2014）研究了基于混沌理论的创新网络中组织间的信任演化，薛克雷等（2014）应用信任演化博弈模型对产学研协同创新行为主体的动态演变进行了深入研究，宋之杰等（2017）提出了创新资源协同主体行为的演化博弈分析，上述学者研究了政府、企业、高校、科研院所等主要创新主体行为博弈视野下的信任演化，且大多以行为主体双方 2×2 的利益矩阵进行博弈分析。

现阶段技术交易活动的市场主体主要包括技术提供方、技术需求方和技术中介，故市场中存在两种不同形式的交易活动：一种是技术供需双方自行发生技术交易活动，技术中介并未参与；另一种则是技术中介积极参与交易活动，促进技术交易双方交易活动的开展。本章通过分析技术提供方、技术需求方两方信任博弈和技术提供方、技术需求方和技术中介的三方信任博弈，揭示信任的影响因素和内在机理，分析在有无技术中介参与的两种情境下，技术提供方或技术需求方选择信任行为策略的可能性大小。

在技术交易过程中，因交易的不确定性、信息非对称的影响，无论技术中介是否参与交易，技术供需双方均不可能在完全理性的条件下进行博弈，因技术交易是一个供需双方长期、持续性的博弈过程，信任的建立相对缓慢，且有一定的惯性，应用演化博弈分析技术交易行为主体间信任关系的动态变化更具合理性。行为主体将在学习和模仿前期博弈基础上，调整优化自身的行为策略，在不断的进化中达到博弈的均衡状态。因此，本章引用演化博弈的复制者动态方程模型，在有限理性假设下，分别揭示两种情境下技术供需双方选择信任策略并不断改善策略的演化过程，并试图通过演化稳定策略(ESS)分析技术交易活动中信任动态系统趋于稳定的相关因素和条件。

## 5.2　技术供需方参与的两方信任博弈

在技术市场中，技术交易存在一种交易方式，即技术提供方与技术需求方依托自有资源，经过技术搜寻、谈判、签约、转移，达成交易结果。在这种情境下，并无技术中介参与到供需双方的交易过程，所有的信息发布、信息甄别、信息吸收等行为决策都是建立在技术供需双方依据自身的能力评估与预期的结果基础之上。但是，因技术供需双方之间存在天然的技术势差，要做出准确的评价，是需要供需双方投入大量的人力、物力和时间成本，然而在技术生命周期急剧缩短的当今，较大的时间成本投入变得极为奢侈。信任自然而然成为技术供需双方的必然选项，因为建立信任能降低交易成本这个结论无论在社会学还是经济学领域都已得到充分证实。同时，需要值得注意的是，信任尽管能降低总的交易成本，增加社会总福利，但信任不会与生俱来，信任同样是需要花费相当数额的交易成本后方能建立。而当只能依托自身能力去甄别交易另一方的信息并决定是否信任对方，这个过程并非易事。为揭示这种情境下的信任与技术交易主体之间的关系，本节将主要探讨在只有技术供需双方参与的技术交易过程中，技术交易双方如何选择信任或不信任策略，以及对技术交易进程产生的影响。

### 5.2.1　两方信任模型的基本假设与构建

（1）两方信任模型的基本假设

1）模型考虑在技术提供方 $A$ 群体和技术需求方 $B$ 群体之间进行信任博弈，在有限理性假设下，双方会根据自身的能力和获取的信息，对交易的另一方做出信任评估。技术提供方 $A$ 的策略集为{信任，不信任}，在博弈方 $A$ 群体中选择信任策略概率为 $x(0\leqslant x\leqslant 1)$，不信任策略概率为 $1-x$；技术需求方B的策略集为{信任，不信任}，在博弈方 $B$ 群体中选择信任策略概率为 $y(0\leqslant y\leqslant 1)$，不信任策略概率为 $1-y$。

2）当技术提供方和技术需求方都采取信任策略时，双方信息充分并互用，包括隐性技术在内的技术得到充分交易与应用，主要包括契约所约定的显性收益和契约无法评估的隐性收益，设技术提供方 $A$、技术需求方 $B$ 采取信任策略时的收益分别为 $R_A$、$R_B$。

3）当一方采取不信任策略时，作为有限理性经济人，会对另一方传递出来的信息持有疑义，同时，也没有将己方的信息主动传递给对方的意愿，不愿意与对方共享自己的私有信息。但不信任的交易方会继续交易，目的是通过较少的投入获得较大收益，具有投机的可能。为实现这种可能，获取另一方的充分信息，不信任的交易方会粉饰或伪装己方的信息，甚至传递虚假信息给另一方，以博取另一方的信任。对于不信任的交易方而言，无论是传递虚假信息还是粉饰伪装信息都需要投入成本，即投机成本。投机成本既包括伪装和传递信息的成本，还包括在另一方发现其不信任甚至欺诈行为引起的风险损失。设技术提供方因不信任产生的投机成本为 $m_A$，技术需求方因不信任产生的投机成本为 $m_B$。

4）当一方采取信任策略，另一方采取不信任策略时，因信息的不对称，信任方会因信任投入相当的人力、物力、资金、时间去达成预期交易结果，获取预期收益，这种收益包括显性收益和隐性收益。而不信任方则因采取不信任策略，隐藏、伪装或传递相关虚假信息，不共享技术诀窍或成本等，不能实现技术交易的最大价值，会降低信任方的收益。其中，由于显性收益是在契约中所约定的，是可评估的，但隐性收益却无法评估，且信息势差的存在让信息劣势方难以做出收益多寡的评价。因此，由于另一方的不信任行为，信任方会降低合作的隐性收益。设当技术提供方 $A$ 采取信任策略，技术需求方 $B$ 选择不信任策略时，设技术提供方损失的隐性收益为 $n_A$。反之，当技术提供方 $A$ 采取不信任策略，技术需求方 $B$ 采取信任策略时，设技术需求方损失的收益为 $n_B$。

根据以上假设，技术交易供需双方信任博弈的支付矩阵如表 5-1 所示。

**表 5-1　技术交易供需双方技术博弈支付矩阵**

| 信任策略 | | 技术需求方 $B$ | |
|---|---|---|---|
| | | 信任 $y$ | 不信任 $1-y$ |
| 技术提供方 $A$ | 信任 $x$ | $R_A, R_B$ | $R_A-n_A, R_B-m_B$ |
| | 不信任 $1-x$ | $R_A-m_A\,a_1+\theta_1\,a_1+\theta_1$，$R_B-n_B$ | $R_A-m_A, R_B-m_B$ |

(2) 两方信任博弈模型构建

表 5-1 是一个技术交易供需双方 $2\times2$ 的对称支付矩阵，技术提供方 $A$ 采取信任策略的概率为 $x$，则不信任策略的概率为 $1-x$。供方采用信任策略的期望收益记为 $\pi_1(A)$ 和不信任策略的期望收益 $\pi_2(A)$，以及平均收益 $\overline{\pi_A}$ 分别为

$$\pi_1(A)=yR_A+(1-y)(R_A-n_A) \quad ①$$

$$\pi_2(A)=y(R_A-m_A)+(1-y)(R_A-m_A) \quad ②$$

$$\overline{\pi_A}=x\,\pi_1(A)+(1-x)\,\pi_2(A) \quad ③$$

当技术提供方 $A$ 采用特定策略的收益高于平均收益时，这种策略会在群体中被模仿学习。这个过程刻画了达尔文生物动态选择演化的基本特征：任何给定策略的频率变化率与其所有策略获得的平均支付和平均值的差成比

例。描述某个特定策略的增长率与相对支付成正比的动态微分方程即复制动态方程。

$$F(x)=\frac{\mathrm{d}x}{\mathrm{d}t}=x(\pi_1(A)-\overline{\pi_A}) \tag{④}$$

同理可得：

$$F(y)=\frac{\mathrm{d}y}{\mathrm{d}t}=y(\pi_1(B)-\overline{\pi_B}) \tag{⑤}$$

由此可以分别建立技术交易过程中技术提供方 $A$ 和技术需求方 $B$ 采取信任和不信任策略组成的演化动力系统

$$\begin{cases}\dfrac{\mathrm{d}x}{\mathrm{d}t}=x(1-x)(yn_A+m_A-n_A)\\[2ex]\dfrac{\mathrm{d}y}{\mathrm{d}t}=y(1-y)(xn_B+m_B-n_B)\end{cases} \tag{⑥}$$

令 $\frac{\mathrm{d}x}{\mathrm{d}t}=0$，$\frac{\mathrm{d}y}{\mathrm{d}t}=0$，可得均衡点 $(0,0)$、$(0,1)$、$(1,0)$、$(1,1)$、$\left(\frac{n_B-m_B}{n_B},\frac{n_A-m_A}{n_A}\right)$。分析以上各点，若使得其邻近区域内出发的轨迹渐近并趋向于该点，则称该均衡点为局部渐近稳定的，采用的行为策略也称为演化稳定策略(EES)。根据弗里德曼(Friedman,1991)提出的判别稳定点方法，求解该动力系统的雅可比(Jacobian)矩阵，在平面 $M=\{(x,y)\mid 0\leqslant x,y\leqslant 1\}$ 内，分析该动态系统均衡点的局部稳定性。Jacobian 矩阵如下：

$$J=\begin{pmatrix}(1-2x)(yn_A+m_A-n_A) & x(1-x)n_A\\ y(1-y)n_B & (1-2y)(xn_B+m_B-n_B)\end{pmatrix}$$

可得矩阵 $J$ 的行列式为：

$$\det J=(1-2x)(1-2y)(yn_A+m_A-n_A)(xn_B+m_B-n_B)-xy(1-x)(1-y)n_An_B$$

矩阵 $J$ 的迹为：

$$\operatorname{tr}J=(1-2x)(yn_A+m_A-n_A)+(1-2y)(xn_B+m_B-n_B)$$

表 5-2 局部稳定性分析结果

| 均衡点 | det $J$ 符号 | tr $J$ 符号 | 局部稳定性 |
|---|---|---|---|
| (0,0) | + | − | 稳定 |
| (0,1) | + | + | 不稳定 |
| (1,0) | + | + | 不稳定 |
| (1,1) | + | − | 稳定 |
| $\left(\frac{n_B-m_B}{n_B},\frac{n_A-m_A}{n_A}\right)$ | − | 0 | 鞍点 |

由表 5-2 可知，5 个均衡点中，(0,0)、(1,1)为稳定点，(0,1)、(1,0)为不稳定点，$\left(\frac{n_B-m_B}{n_B},\frac{n_A-m_A}{n_A}\right)$为鞍点。令鞍点 $E(x^*,y^*)=\left(\frac{n_B-m_B}{n_B},\frac{n_A-m_A}{n_A}\right)$，可得如下供需双方技术交易演化过程(如图 5-1)。

由图 5-1 可知，在技术交易过程中，不稳定点 $B$、$C$ 与鞍点 $E$ 的连成的折线为系统收敛于不同状态的分界线，在 $BC$ 右上方，系统收敛于信任均衡；在 $BC$ 左下方，系统收敛于不信任均衡。可见，改善鞍点 $E$ 的位置，可改变系统的收敛区间，当 $S_{BECD}$($BECD$ 区域面积)增大时，动态系统收敛于(1,1)点的概率增大。

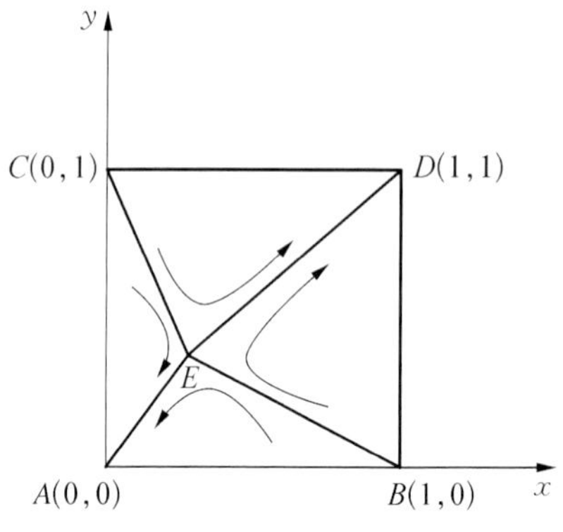

图 5-1 技术交易演化图

## 5.2.2 两方信任博弈模型分析

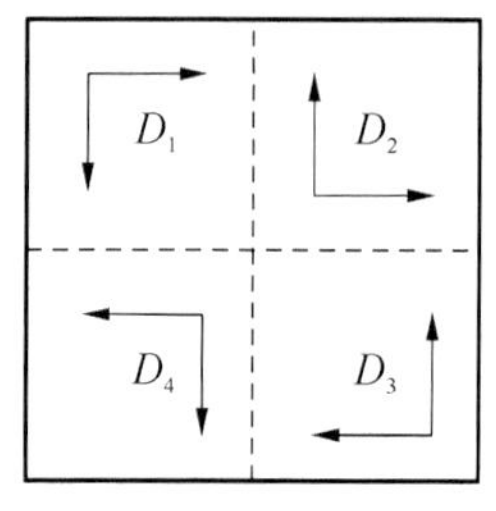

图 5-2 系统相图

结合系统相图(如图 5-2)，讨论参数变化时对技术交易活动中技术供需双方信任演化行为的影响。

(1) 若 $2m_A=n_A$，$2m_B=n_B$，即技术

提供方 $A$ 或技术需求方 $B$ 采取信任策略，且另一方采取不信任策略，信任方损失的隐性收益与己方采取不信任策略时产生的两倍投机成本相等时，鞍点 $E$ 为(0.5,0.5)，系统收敛于信任均衡与收敛于不信任均衡的概率相等。

(2) 若 $2m_A > n_A$，$2m_B > n_B$，即技术提供方 $A$ 或需求方 $B$ 因对方不信任损失的隐性收益小于己方采取不信任策略时产生的两倍投机成本，鞍点 $E$ 落在 $D_4$ 区域内，并往左下方移动，系统向不信任均衡演化，收敛于(0,0)，双方合作关系稳定。

(3) 若 $2m_A > n_A$，$2m_B < n_B$，即技术提供方 $A$ 因需求方 $B$ 不信任损失的隐性收益小于己方采取不信任策略时产生的两倍投机成本，技术需求方 $B$ 因技术提供方 $A$ 不信任损失的隐性收益大于己方采取不信任策略时产生的两倍投机成本，则 $\frac{n_B - m_B}{n_B} < \frac{n_A - m_A}{n_A}$，此时鞍点 $E$ 落在 $D_1$ 区域内，既可往右上方移动，亦可往左下方移动，系统不稳定，双方合作关系不稳定。

(4) 若 $2m_A > n_A$，$2m_B < n_B$，即技术提供方 $A$ 因需求方 $B$ 不信任损失的隐性收益大于己方采取不信任策略时产生的两倍投机成本，技术需求方 $B$ 因技术提供方 $A$ 不信任损失的隐性收益小于己方采取不信任策略时产生的两倍投机成本，则 $\frac{n_B - m_B}{n_B} > \frac{n_A - m_A}{n_A}$，此时鞍点 $E$ 落在 $D_3$ 区域内，既可往右上方移动，亦可往左下方移动，系统不稳定，双方合作关系不稳定。

(5) 若 $2m_A < n_A$，$2m_B < n_B$，即技术提供方 $A$ 或需求方 $B$ 采取不信任策略产生的两倍投机成本小于因对方不信任损失的隐性收益时，鞍点 $E$ 落在 $D_2$ 区域内，并往右上方移动，系统向信任均衡演化，收敛于(1,1)，系统趋于稳定。

### 5.2.3　两方信任博弈模型结果讨论

通过技术供需双方参与的两方信任博弈模型分析可知，技术交易中信任的建立对技术交易的结果具有显著影响，技术交易中信任均衡及其演化与技术供需方选择不信任策略时的投机成本和因对方不信任而导致的隐性收益损失有着显著关系。当技术供需双方都选择信任策略时，整个交易的进程是顺畅的，双方信息不对称处于相对低的水平，不确定性因素少，交易的结果理想，合作趋于稳定，技术交易效率维持在较高水平。当技术供需双方都选择不信任策略时，尽管系统是趋于稳定的，但双方是趋向不合作的结果，技术交易效率处于相对较低水平。同时，当交易一方选择信任策略，另一方选择不信任策略时，只有当供需双方在采取不信任策略产生的两倍投机成本还小于隐性收益时，双方会向信任均衡演化，此时，技术交易效率同样会提升，反之则向不信任均衡演化。

技术供需两方信任博弈模型的分析结果表明，信任是影响技术交易的关键因素之一。模型分析的结果同时表明，只有当技术交易方能准确评估技术交易的隐性收益，并比较与因投机引起的成本损失，在确定投机的成本要肯定小于隐性收益后，技术交易方才会选择信任策略。但在现实实践中，由于信息非对称的影响，技术势差的存在使得双方难以通过自身的能力去予以上述评价。而若要对隐性收益进行准确评价，那就需要投入相当大的成本去对这些信息进行甄别与评估，交易成本的上升会降低双方建立信任的动力。因此，在只有技术供需双方参与的技术交易中，信任的建立与稳定并非易事。

## 5.3 技术供需方、技术中介的三方信任博弈

上节主要讨论了在只有技术提供方和技术需求方两方参与的技术交易活动中，技术供需双方之间的信任博弈状态，指出信任对技术交易具有积极影响。在实践中，只有技术供需双方参与的技术交易活动越来越少，更多的是由技术中介、技术提供方和技术需求方三方共同参与的技术交易活动。为此，本节将针对该情境，讨论三方之间的信任博弈，以期厘清在这两种不同情境下，信任与技术交易主体间关系的异同。

### 5.3.1 三方信任博弈模型基本假设与构建

在有技术中介参与的技术交易活动中，同时涉及技术提供方、技术需求方和技术中介三方主体，三方都是交易的利益直接相关者。虽然三方博弈越来越多地出现在现实生活中，但国内外相关博弈研究还处于起步阶段。张铁男(2009)在技术交易中引入技术中介服务机构，通过技术中介与技术提供方、技术中介与技术需求方两两博弈，探讨三方主体在交易活动中的利益关系。魏芳芳(2012，2013)给出了三方非对称 2×2×2 进化博弈的稳定性分析，并结合网络虚假信息中“政府—企业—公民”三者博弈模型为案例进行博弈分析；杜茂康(2014)构建了政府、家电回收企业和市民的三方废旧家电回收博弈模型，分析并探讨了可能存在的八种纯策略纳什均衡结果及条件；苏昕(2017)通过分析农产品渠道关系治理中的龙头企业、农户与农产品市场协会三方主体，构建三方博弈模型，探讨了影响渠道关系治理三方主体行为的关键因素。本节基于前文的理论研究，建立“技术提供方—技术需求方—技术中介”三方博弈模型，分析三者在各自不同策略选择下的收益，研究 2×2×2 策略组合下三者进化博弈的稳定性，参与主体的策略选择趋势。同时笔者总结了不同收益参数下的博弈行为规律，为技术交易参与主体的行为趋势分析提供理论依据。

前文的研究表明，技术交易发生是因技术供需双方之间存在技术势差，交易实现的关键是技术提供方将拥有的优势信息与技术需求方共享，信息共享水平的高低决定了交易各方的交易收益，当交易双方彼此信任后，则会愿意共享更多的隐性技术知识和信息，这会大大降低各自的技术信息传递、技术信息接收等各种自身成本的输出，实现交易各方的高收益，技术交易效率处于较高水平。技术中介的参与有利于抑制、维系、提升技术交易供需双方的关系水平，并从第三方参与主体的角度对技术交易双方的行为进行协调、约束等，对技术交易的效率产生影响。假定技术交易提供方、需求方和技术中介的选择策略均符合有限理性原则，技术供需双方仍以信任或不信任为选择策略，技术中介以对信息是否有效甄别为行为选择策略，进行三方博弈，博弈过程如图5－3所示。

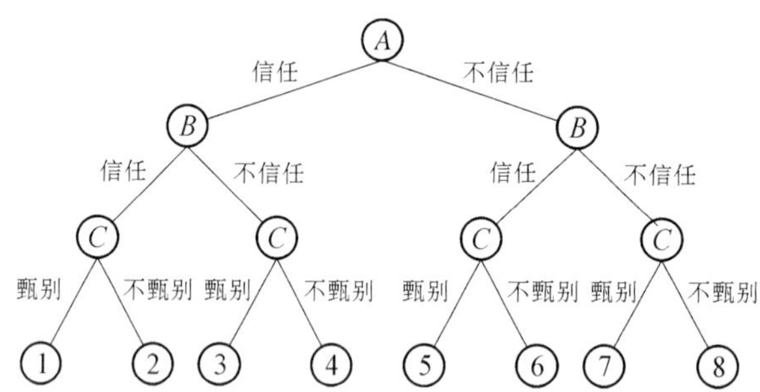


**图 5－3　技术提供方 A、技术需求方 B 和技术中介 C 三方博弈树**

设定技术中介三方参与的博弈模型中技术提供方、技术需求方、技术中介的收益、成本、损失等相关参数表，具体如表 5－3 所示。

**表 5－3　技术提供方 A、技术需求方 B 和技术中介 C 信任博弈模型参数设计**

| 参数符号 | 含　　义 |
|---|---|
| $R_A$ | 技术提供方信任技术需求方产生的收益 |
| $R_B$ | 技术需求方信任技术提供方产生的收益 |
| $I_A$ | 技术提供方不信任技术需求方并投机产生的收益 |
| $I_B$ | 技术需求方不信任技术提供方并投机产生的收益 |
| $R_C$ | 技术中介参与交易活动的基本收益 |
| $F$ | 技术提供方或技术需求方因投机被识别产生的惩罚 |
| $\lambda$ | 比例，技术中介和被投机方惩罚投机方补偿的比例，$0 < \lambda < 1$ |
| $C$ | 技术中介因不作为给予信任方的补偿 |
| $S$ | 技术中介不甄别技术交易方投机后共享虚假信息造成的损失 |

根据模型假设和博弈树确定技术交易中三方主体在不同策略选择下的收益矩阵，如表 5－4 所示。

表 5-4　技术提供方 A、技术需求方 B 和技术中介 C 信任博弈模型收益矩阵

| 序号 | 博弈策略 | 收益结果 |
| --- | --- | --- |
| 1 | 信任、信任、甄别 | $R_A, R_B, R_C$ |
| 2 | 信任、信任、不甄别 | $R_A, R_B, R_C - S$ |
| 3 | 信任、不信任、甄别 | $R_A + \lambda F, I_B - F, R_C + (1-\lambda)F$ |
| 4 | 信任、不信任、不甄别 | $R_A + C, I_B, R_C - S - C$ |
| 5 | 不信任、信任、甄别 | $I_A - F, R_B + \lambda F, R_C + (1-\lambda)F$ |
| 6 | 不信任、信任、不甄别 | $I_A, R_B + C, R_C - S - C$ |
| 7 | 不信任、不信任、甄别 | $I_A - (1-\lambda)F, I_B - (1-\lambda)F, R_C + 2(1-\lambda)F$ |
| 8 | 不信任、不信任、不甄别 | $I_A, I_B, R_C - S$ |

对于技术提供方来说，当技术中介有效甄别技术需求方相关信息时，技术提供方会依据信息真伪选择是否信任技术需求方，若信任需求方，技术提供方则会愿意主动共享技术诀窍等隐性信息，并因此获取收益 $R_A$；若无法与需求方建立信任关系，技术提供方在利益的驱动下，会产生投机行为，隐藏部分技术诀窍和经验，并以此要挟技术需求方，并因此获取投机收益 $I_A$，且 $I_A > R_A$。同时，技术中介会对相关信息进行甄别，技术提供方投机行为有被技术中介和技术需求方发现的可能，一旦被他方识别，技术提供方会被惩罚，罚金设为 $F$，且 $F > I_A$（若 $F < I_A$，市场中会遍布投机行为，低质量的技术会充斥整个市场，市场会逐步萎缩）。这部分罚金按一定比例 $\lambda(0 < \lambda < 1)$ 补偿给损失方，其中，$\lambda F$ 补偿给技术需求方，$(1-\lambda)F$ 补偿给技术中介。

对于技术需求方来说，当技术中介有效甄别技术提供方相关信息时，技术需求方会依据信息真伪选择是否信任技术提供方，若信任技术提供方，技术需求方则会主动愿意共享技术的市场应用及技术生产成本等关键信息，并因此获取收益 $R_B$；若无法与技术提供方建立信任关系，技术需求方在利益的驱动下，会产生投机行为，克扣技术提供方应得权益，由此获取投机收益 $I_B$，且 $I_B > R_B$。同时，技术需求方投机行为有被技术中介和技术提供方发现的可能，一旦被识别，技术需求方会被惩罚，考虑到交易的公平性，无

论任一方投机被发现，其罚金都是相等的，均为 $F$，且 $F > I_B$，罚金补偿比例也同为 $\lambda(0 < \lambda < 1)$，其中，$\lambda F$ 补偿给技术提供方，$(1-\lambda)F$ 补偿给技术中介。

对于技术中介来说，技术中介的基本收益是技术中介为技术提供方和需求方提供交易服务的中介费，该部分收益为 $R_C$，$R_C$ 的收益小于 $R_A$ 和 $R_B$。而若技术提供方或技术需求方不信任另一方，发生投机行为，此时，投机方共享的信息必定存在虚假信息，技术中介需要甄别出该类信息，并因此获得惩罚投机方所产生的补偿，补偿为 $(1-\lambda)F$；若技术中介方不进行该类信息甄别，使得投机方投机成功，技术中介需要因其不作为给予信任方补偿 C，相比较技术中介的基本收益 $R_C$，C 值最大不超过 $R_C$。同时，技术中介会因此承担声誉等隐性损失 $S$，该损失会导致技术中介在市场中地位的降低，长此以往，与该技术中介方合作的技术交易供需方会越来越少，该技术中介将在市场中难以生存，被迫退出市场。

可见，技术提供方、技术需求方和技术中介三个参与主体中任一方的收益都会受到另外两方策略选择的影响。因三方都是具有学习能力的有限理性经济人，所以在信息非对称的情况下，三方在做出各自的决策时很难确认他们的选择是否最大化自己的利益，但他们都具有学习模仿能力，他们会不断学习以往的收益大的策略然后不断调整自己的策略。

技术提供方、技术需求方、技术中介三方之间的博弈组合共有 8 种，分别为（甄别信息、信任、信任）、（不甄别信息、信任、信任）、（甄别信息、信任、不信任）、（不甄别信息、信任、不信任）、（甄别信息、不信任、信任）、（不甄别信息、不信任、信任）、（甄别信息、不信任、不信任）和（不甄别信息、不信任、不信任）。

表 5－4 是一个技术提供方、技术需求方、技术中介 $2\times2\times2$ 的收益支付矩阵，技术提供方 A 采取信任策略概率 $x(0 \leqslant x \leqslant 1)$，则不信任策略概率为 $1-x$；技术需求方 B 采取信任策略概率为 $y(0 \leqslant y \leqslant 1)$，则不信任策略概率为 $1-y$；技术中介 C 采取甄别信息策略概率为 $z(0 \leqslant z \leqslant 1)$，则不甄别信息策略概率为 $1-z$。技术提供方 A 采用信任策略的期望收益记为 $\pi_1(A)$ 和不

信任策略的期望收益 $\pi_2(A)$，以及平均收益 $\overline{\pi_A}$ 分别为

$$\pi_1(A)=yzR_A+y(1-z)R_A+(1-y)z(R_A+\lambda F)+(1-y)(1-z)(R_A+C)$$

$$\pi_2(A)=yz(I_A-F)+y(1-z)I_A+(1-y)z[I_A-(1-\lambda)F]+(1-y)(1-z)I_A$$

因 $$\overline{\pi_A}=x\pi_1(A)+(1-x)\pi_2(A)$$

$$\overline{\pi_A}=xyzR_A+xy(1-z)R_A+x(1-y)z(R_A+\lambda F)+x(1-y)(1-z)(R_A+C)+(1-x)yz(I_A-F)+(1-x)y(1-z)I_A+(1-x)(1-y)z[I_A-(1-\lambda)F]+(1-x)(1-y)(1-z)I_A$$

设技术需求方 B 采用信任策略的期望收益记为 $\pi_1(B)$，平均收益 $\overline{\pi_B}$ 表示为：

$$\pi_1(B)=xzR_B+x(1-z)R_B+(1-x)z(R_B+\lambda F)+(1-x)(1-z)(R_B+C)$$

$$\overline{\pi_B}=xyzR_B+xy(1-z)R_B+x(1-y)z(I_B-F)+x(1-y)(1-z)I_B+(1-x)yz(R_B+\lambda F)+(1-x)y(1-z)(R_B+C)+(1-x)(1-y)z[I_B-(1-\lambda)F]+(1-x)(1-y)(1-z)I_B$$

设技术中介 C 采取甄别信息策略的期望收益记为 $\pi_1(C)$，平均收益$\overline{\pi_C}$表示为：

$$\pi_1(C)=xyR_C+x(1-y)[R_C+(1-\lambda)F]+(1-x)y[R_C+(1-\lambda)F]+(1-x)(1-y)[R_C+2(1-\lambda)F]$$

$$\overline{\pi_C}=xyzR_C+xy(1-z)(R_C-S)+x(1-y)z[R_C+(1-\lambda)F]+x(1-y)(1-z)(R_C-S-C)+(1-x)yz[R_C+(1-\lambda)F]+(1-x)y(1-z)(R_C-S-C)+(1-x)(1-y)z[R_C+2(1-\lambda)F]+(1-x)(1-y)(1-z)(R_C-S)$$

1）技术提供方 A 采取信任策略比例的复制动态方程

$$F(x)=\frac{\mathrm{d}x}{\mathrm{d}t}=x(\pi_1(A)-\overline{\pi_A})$$
$$=x(1-x)[z(yC+F-C)-yC-(I_A-R_A-C)]$$

i. 若 $z=\frac{yC+(I_A-R_A-C)}{yC+F-C}$，则 $F(x)=\frac{\mathrm{d}x}{\mathrm{d}t}=0$，无论技术提供方 A 选择信任和不信任策略的比例如何，其行为策略都是稳定的。

ii. 若 $z\neq\frac{yC+(I_A-R_A-C)}{yC+F-C}$，令 $F(x)=\frac{\mathrm{d}x}{\mathrm{d}t}=0$，可得均衡点 $x=0$，$x=1$。分析以上两点，若使得其邻近区域内出发的轨迹渐近并趋向于该点，即对 $F(x)$ 求导，使其 $\frac{\mathrm{d}F(x)}{\mathrm{d}x}<0$，则称该均衡点为局部渐近稳定的，则采用的行为策略也称为演化稳定策略(EES)。

$$\frac{\mathrm{d}F(x)}{\mathrm{d}x}=(1-2x)[z(yC+F-C)-yC-(I_A-R_A-C)] \qquad ①$$

i. 若 $z<\frac{yC+(I_A-R_A-C)}{yC+F-C}$，则 $\left.\frac{\mathrm{d}F(x)}{\mathrm{d}x}\right|_{x=0}=z(yC+F-C)-yC-(I_A-R_A-C)<0$，

ii. 若 $z>\frac{yC+(I_A-R_A-C)}{yC+F-C}$，则 $\left.\frac{\mathrm{d}F(x)}{\mathrm{d}x}\right|_{x=1}=-z(yC+F-C)+yC+(I_A-R_A-C)<0$。

由此可知当 $z<\frac{yC+(I_A-R_A-C)}{yC+F-C}$，$x=0$ 为均衡点；当 $z>\frac{yC+(I_A-R_A-C)}{yC+F-C}$，$x=1$ 为均衡点，用三维立体图演示技术供方的动态演化趋势(如图 5-4)，曲面 $z=\frac{yC+(I_A-R_A-C)}{yC+F-C}$ 把立方体分为 $v_1$ 与 $v_2$ 上下两部分，在 $v_1$ 区域内 $x$ 收敛于 1，在 $v_2$ 区域 $x$ 逼近于 0。

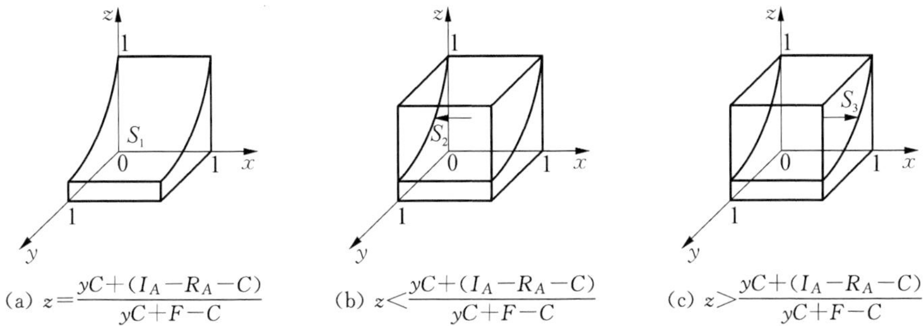


(a) $z=\dfrac{yC+(I_A-R_A-C)}{yC+F-C}$　(b) $z<\dfrac{yC+(I_A-R_A-C)}{yC+F-C}$　(c) $z>\dfrac{yC+(I_A-R_A-C)}{yC+F-C}$

**图 5-4　技术提供方的动态演化趋势**

2）技术需求方 B 采取信任策略比例的复制动态方程

$$
\begin{aligned}
F(y)&=\frac{\mathrm{d}y}{\mathrm{d}t}\\
&=y(\pi_1(B)-\overline{\pi_B})\\
&=y(1-y)[z(xC+F-C)-xC-(I_B-R_B-C)]
\end{aligned}
$$

i. 若 $z=\dfrac{xC+(I_B-R_B-C)}{xC+F-C}$，则 $F(y)=\dfrac{\mathrm{d}y}{\mathrm{d}t}=0$，无论技术需求方 B 选择信任和不信任策略的比例如何，其行为策略都是稳定的。

ii. 若 $z\neq\dfrac{xC+(I_B-R_B-C)}{xC+F-C}$，令 $F(y)=\dfrac{\mathrm{d}y}{\mathrm{d}t}=0$，可得均衡点 $y=0$，$y=1$。分析以上两点，若使得其邻近区域内出发的轨迹渐近并趋向于该点，即对 $F(y)$ 求导，使其 $\dfrac{\mathrm{d}F(y)}{\mathrm{d}y}<0$，则称该均衡点为局部渐近稳定的，则采用的行为策略也称为演化稳定策略(EES)。

$$
\frac{\mathrm{d}F(y)}{\mathrm{d}y}=(1-2y)[z(xC+F-C)-xC-(I_B-R_B-C)] \qquad ②
$$

i. 若 $z<\dfrac{xC+(I_B-R_B-C)}{xC+F-C}$，则 $\left.\dfrac{\mathrm{d}F(y)}{\mathrm{d}y}\right|_{y=0}=z(xC+F-C)-xC-(I_B-R_B-C)<0$，

ii. 若 $z>\dfrac{xC+(I_B-R_B-C)}{xC+F-C}$，则 $\left.\dfrac{\mathrm{d}F(y)}{\mathrm{d}y}\right|_{y=1}=-z(xC+F-C)+$

$yC+(I_B-R_B-C)<0$。

由此可知当 $z<\dfrac{xC+(I_B-R_B-C)}{xC+F-C}$，$y=0$ 为均衡点；当 $z>\dfrac{xC+(I_B-R_B-C)}{xC+F-C}$，$y=1$ 为均衡点，用三维立体图演示技术需方的动态演化趋势（如图 5-5），曲面 $z=\dfrac{xC+(I_B-R_B-C)}{xC+F-C}$ 把立方体分为 $v_3$ 与 $v_4$ 上下两部分，在 $v_3$ 区域内 $x$ 收敛于 1，在 $v_4$ 区域 $x$ 逼近于 0。

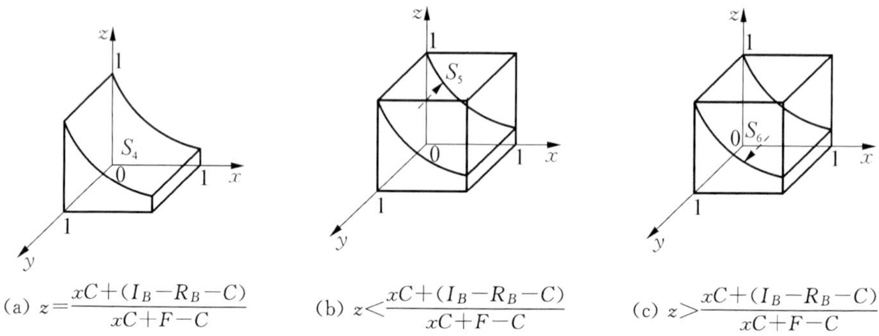


(a) $z=\dfrac{xC+(I_B-R_B-C)}{xC+F-C}$ (b) $z<\dfrac{xC+(I_B-R_B-C)}{xC+F-C}$ (c) $z>\dfrac{xC+(I_B-R_B-C)}{xC+F-C}$

**图 5-5 技术需求方的动态演化趋势**

3）技术中介 C 采取甄别信息策略比例的复制动态方程

$$\begin{aligned}F(z)=\frac{\mathrm{d}z}{\mathrm{d}t}&=z(\pi_1(C)-\overline{\pi_C})\\&=z(1-z)\{y[-2Cx-(1-\lambda)F+C]+\\&\quad x[-(1-\lambda)F+C]+2(1-\lambda)F+S\}\\&=z(1-z)[(2-x-y)(1-\lambda)F+(1-x)Cy+\\&\quad(1-y)Cx+S]\end{aligned}$$

$$\frac{\mathrm{d}F(z)}{\mathrm{d}z}=(1-2z)[(2-x-y)(1-\lambda)F+(1-x)Cy+(1-y)Cx+S] \qquad ③$$

因参数 $0<x、y、z、\lambda<1$，恒有 $(2-x-y)(1-\lambda)F+(1-x)Cy+(1-y)Cx+S>0$，则 $\left.\dfrac{\mathrm{d}F(z)}{\mathrm{d}z}\right|_{z=0}>0$，$\left.\dfrac{\mathrm{d}F(z)}{\mathrm{d}z}\right|_{z=1}<0$，故 $z=1$ 为均衡点，用三维

立体图演示技术中介的动态演化趋势（如图 5-6），在整个区域 $v_5$ 内 $z$ 收敛于 1。

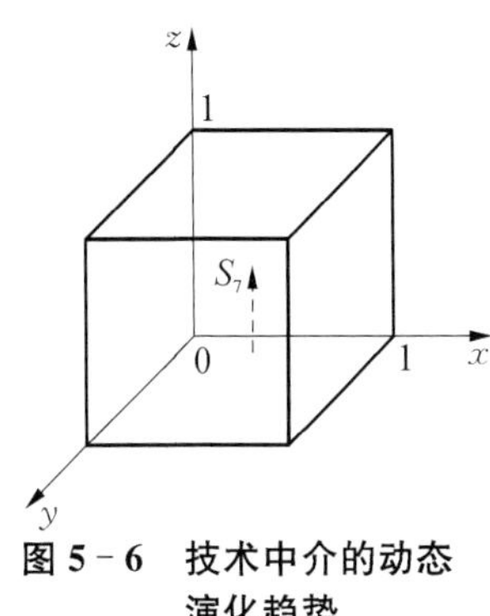

图 5-6　技术中介的动态演化趋势

## 5.3.2　三方信任博弈模型分析

结合图 5-4、图 5-5、图 5-6，分析技术提供方、技术需求方、技术中介三方博弈演化过程。该博弈过程中，三方参与主体根据"复制动态方程思想"，共有如下四种演化博弈策略：

（1）若初始状态落入 $v_1 \cap v_3 \cap v_5$ 区域内，该动态系统收敛于（1,1,1）点，即（信任、信任、甄别）是三方通过相互学习复制调整后的策略选择。

（2）若初始状态落入 $v_1 \cap v_4 \cap v_5$ 区域内，该动态系统收敛于（1,0,1）点，即（信任、不信任、甄别）是三方通过相互学习复制调整后的最终选择。

（3）若初始状态落入 $v_2 \cap v_3 \cap v_5$ 区域内，该动态系统收敛于（0,1,1）点，即（不信任、信任、甄别）是三方通过相互学习复制调整后的最终选择。

（4）若初始状态落入 $v_2 \cap v_4 \cap v_5$ 区域内，该动态系统收敛于（0,0,1）点，即（不信任、不信任、甄别）是三方通过相互学习复制调整后的最终选择。

## 5.3.3　三方信任博弈模型结果讨论

本书基于演化博弈的相关理论与方法，对技术交易活动中的三方主体即技术提供方、技术需求方与技术中介构建三方演化博弈模型，根据复制动态方程，该动态系统收敛于以上四种均衡状态，分析不同均衡状态下技术供需双方信任与技术交易主体之间的关系，并求解分析影响三方主体信任行为的决策因素。

由①式可知，当 $z > \dfrac{yC + (I_A - R_A - C)}{yC + F - C}$ 时，技术提供方选择信任行为策略趋近于 1（$x \to 1$）。$z$ 是技术中介在技术交易活动中采取甄别决策的概率，即技术中介采取甄别决策的概率越大，技术提供方越有可能选择信任行为策略。由上式可知，当控制其他因素不变时，$I_A$ 值越小，即技术提供方投机收益越小，则其选择信任行为策略概率越大；由上式整理可得 $z > 1 - \frac{F-(I_A-R_A)}{F+c(y-1)}$，控制其他因素不变时，$C$ 值越大，技术中介越有可能选择甄别策略。也就是说，在技术交易活动中，只要加大对投机方的惩罚，且对技术中介不甄别信息的不作为行为加以惩罚，并将该惩罚补偿给技术提供方因此造成的损失，技术中介则会采取更为积极地甄别行动，进而会促进技术提供方采取信任决策。在实践中，技术中介方要积极参与交易活动，其收益与惩罚要主动与技术供需双方捆绑，形成利益共同体，就能充分发挥技术中介的信息甄别、交易监管等功能，有助于降低技术交易的交易成本，增加交易的总福利。

由②式可知，要使技术需求方选择信任行为策略趋近于 $1(y \to 1)$，则要求 $z > \frac{xC+(I_B-R_B-C)}{xC+F-C}$。同理，技术需求方投机收益越小，则选择信任行为策略概率越大；技术中介采取甄别策略概率越大，技术需求方越有可能选择信任行为策略。也就是说，在技术交易活动中，只要加大对投机方的惩罚，且对技术中介不甄别信息的不作为行为加以惩罚，并将该惩罚补偿给技术需求方因此造成的损失，技术中介则会采取更为积极地甄别行动，进而会促进技术需求方采取信任策略。

由③式可知，当技术中介参与技术交易活动时，只要技术提供方、技术需求方选择信任行为策略，技术中介必然选择甄别信息行为策略。即只要有技术交易活动，供需双方就有建立信任的可能，技术中介只有积极主动甄别信息，才能向双方传递真实有效的信息，促进供需双方信任建立，保障交易的完成。否则技术中介弥补技术市场部分失灵的功能作用不能发挥，很快将被市场剔除。实践中，技术中介作为市场中独立公正的一方，信息甄别传递的功能往往能促进技术供需双方信任的建立。譬如，能力是供需双方建立信任的基础之一，包括供方相信需方有经济能力，需方相信供方有技术能力等。而技术中介提供的项目咨询方案、技术可行性研究、技术市场分析等都是技术中介进行信息甄别后传递给供需双方的真实有效的相关能力信息，技术供需双方借助这些信息载体可以快速进行信任评估，进而做出信任决策。

根据上述分析可知，技术中介、技术提供方和技术需求方三方参与的技术交易活动中，技术供需双方之间的信任同样对技术交易结果产生直接影响。然而，由于技术中介作为第三方参与活动后，积极发挥信息甄别作用，该行为在一定程度上会降低技术供需双方之间由于技术势差带来的不利影响，弥补了技术供需双方信息获取渠道的不足，有利于技术供需双方以较少的交易成本做出信任决策，进而促使技术交易效率处于较高水平。

## 5.4 技术交易中的信任机制

前文讨论了技术交易活动中两种不同情境下的信任博弈，分别构建了只有技术供需双方参与的两方信任博弈模型，以及有技术中介和技术供需双方参与的三方信任博弈模型。研究表明，无论是技术中介是否参与到技术交易活动中，信任都是影响技术交易的关键因素，信任都能促进技术供需双方信息共享，有利于技术交易效率提升。当只有技术供需两方参与技术交易活动时，信任能够建立并趋于稳定，前提是交易的一方选择不信任策略时的投机成本要远低于信任建立后交易的隐性收益。当有技术中介、技术提供方和技术需求方三方参与的技术交易活动时，只要技术中介积极发挥信息甄别的功能作用，是有利于技术交易供需双方信任的建立的。

具体而言，技术交易中的信任机制呈现出以下几个特征：一是，技术交易中的信任因素对于技术交易的结果和质量具有决定性影响，是影响技术交易效率的关键因素之一；二是，技术交易方选择信任或者不信任策略的依据是其对交易收益和成本的判断，只要收益大于投入成本，交易方就有建立信任的驱动力；三是，技术供需双方对收益和成本的判断是建立在对各类信息甄别处理基础之上，交易方信息获取的渠道和信息的甄别能力决定了选择信任决策的成本和概率；四是，技术交易方选择信任策略后，会积极与另一方共享交易的信息，实现信息的高水平共享，降低交易方之间的信息障碍，能达到甚至超过技术供需双方交易初始时的预期收益，对于技术交易效率的提升具有正向影响。

通过技术供需双方的两方信任博弈和有技术中介参与的三方信任博弈的分析可知，信任在这两种情境下发挥的功能作用是一致的，但在信息共享和交易成本方面，两方博弈和三方博弈具有显著不同。在信息共享方面，信息主要是在技术供需双方之间传递、甄别和应用，但技术供需双方之间存在天然的信息势差，必然会增加双方的信息成本。譬如，在只有技术供需双方参与的技术交易活动中，技术需求方要获取技术提供方的技术能力信息，由于技术势差的存在，为能准确评价技术提供方的技术水平，会加大人力、时间等方面的成本投入，即使获得相关信息，对于信息的甄别也具有一定的片面性。若技术中介参与其中，技术中介自身的专业技能会帮助技术需求方准确评估技术提供方的技术能力，技术需求方可以依此直接做出相关决策。在某一领域，技术中介的专业技能对于技术供需双方来说都是具有优势的，让技术供需双方在信息的获取、传递、甄别等环节得到极大便利，使信息的处理变得有章可循，伪装信息、虚假信息等增加交易成本的信息无处遁形，利于提高技术供需双方在做出信任还是不信任决策时的判断准确性，信息共享也会达到较高水平。

在交易成本方面，技术交易供需双方的两方博弈缺乏第三方监督，投机的动力会更强，技术交易方要花费较大的时间成本去规避对方的投机可能，尽管投机有被发现并被诉诸法律的可能，但技术的缄默性等特征增加了法律判决的难度，所以，技术供需双方信任是建立在广泛的沟通交流和时间基础上，交易成本相对较高。技术中介参与后，在提供一系列技术信息的同时，会监督技术供需双方契约的执行。并且，在技术市场中，技术中介和技术提供方或技术需求方的合作重复交易的概率较大，技术供需双方为维持其市场声誉和保证今后的收益，不会对技术中介实施欺诈行为，由此必然能降低技术供需双方的交易成本。

综合而言，信任作为正式制度的重要补充，在技术交易中具有显著的积极影响。在技术交易实践中，技术交易方若无法选择信任决策，那交易的结果必定不甚理想，纠纷即会接踵而至；技术交易方若选择信任决策，就可以实现信息共享、风险共担、利益共享，交易效率会处于较高水平。但技术供需双方若要做出信任决策，则需要付出一定的交易成本，交易成本过高会阻碍交易方选择信任策略。然而，技术中介参与技术交易活动后，只要积极对技术供需双方发出的信息进行有效的信息甄别，并保持公平、公正的角色定位，就会减少供需双方选择信任策略的障碍，让技术供需双方能花费较少的成本做出信任决策，保障双方信任的稳定，能最终提高双方的收益，技术交易效率得到有效提升。

# 第六章

# 技术交易效率模型

前文已对技术交易中的信任机制和作用等基础问题做了研究，通过技术供需双方的两方博弈研究证实了信任对于技术交易效率具有重要影响。通过技术中介、技术提供方以及技术需求方的三方博弈研究证实，技术中介参与交易后会对技术供需双方之间的信任建立与发展存在影响，但并未改变技术供需双方的信任对技术交易效率的重要影响。对于技术供需双方而言，要达成技术交易预期，一旦一方建立信任，会增加己方的专用性资产投资，目的是为向另一方传递其信任对方的信号，释放善意，承诺其事后不会采取机会主义行为，表明其对技术交易的未来充满信心。而另一方通过观察诸多信号，并在技术中介公正的信息甄别基础上，一旦做出信任决策，双方就会共同努力达成交易目标。而技术交易发生的本质是因为技术供需双方存在技术信息势差，因此，双方信息共享水平的高低对于技术交易的最终结果具有决定性影响，而只有信任另一方后己方才会敞开心扉，才会有高信息共享意愿，才能达成高信息共享水平。

因此，在技术交易实践中，技术中介、信任、信息共享彼此存在一定联系，技术中介会影响技术供需双方信任的发展，而双方的信任程度决定了双方的信息共享水平，信息共享水平则最终决定了技术交易效率。所以，基于信任视角研究技术交易效率提升，本章将在前文理论分析的基础上，研究技术中介、信息共享、信任对技术交易效率的影响，构建信任对技术交易效率影响的理论模型并进行实证研究设计。

# 6.1　技术交易效率提升理论假设

## 6.1.1　信任对技术交易效率的影响

信任是商品交换活动的润滑剂，在技术交易活动中，由于交易过程存在诸多不确定性，信任更为重要。技术交易中的信任是施信方对受信方的一种积极预期，是施信方承担因不确定性带来风险的同时，相信受信方不会由此采取机会主义行为。第四章的研究表明，在技术交易活动中，当交易的一方建立信任后，为积极传递这种信任，会根据自身的信任程度进行相应强度的专用性资产投资，以向受信方传递这种信任信息。专用性资产的投资本质上是向受信方做出的具体承诺，是一种自我锁定行为。在技术交易中只有信任的施信方才会增加专用性资产投资，信任程度不同，其投资程度不尽相同，专用型资产投资强度差异能有效区分信任差异。此外，专用性资产在一定程度上可以反映投资方的履约动机，专用性资产的可占用性准租的存在会约束主体行为，从而提高承诺的可信性和可靠性。即高专用性投资客观反映了投资方对未来收益的较高预期，且表现出较低的违约动机，呈现出较高的交易成功信心。

专用性资产投资的增加有利于技术供需双方建立相互信任，提升共享信息水平，提高交易效率。在技术交易计划阶段，信任的存在会让技术需求方花较少成本去辨别技术价值的真伪，会让技术提供方减少技术价值展现所需投入的成本，双方在较短的时间内迅速达成交易的初步意向，进入到后续交易的合约谈判阶段。在技术交易谈判阶段，双方会因信任都增加专用性资产投资，是向另一方“立誓”放弃机会主义，让对方能明确感知，因交易不确定性发生的契约再谈判风险有限，双方都不会因此发生机会主义行为，即使合约中没有这方面的规定，也能促使双方在较短时间内签订交易契约，让交易进入到实质的实施阶段。在技术交易实施阶段，信任会让交易双方主动性沟通增强，双方的交易摩擦降到最低，减少不必要的成本投入，在执行契约时，出现因不确定性产生的不可预期结果时，双方会有商有量，会对已经签订的契约进行补充或修改，减少沉没成本产生的可能。可见，无论在技术交易的何种阶段，只要有信任的存在，信任必能对交易产生积极影响，会显著降低技术交易的交易成本。

学者们的部分研究成果也从侧面证实了信任对于技术交易效率的正向影响，谢富纪（2006）指出技术交易供需双方的相互信任能提高两者的互动效应；赵广凤（2013）的研究表明信任能降低技术交易风险，信任程度越高，交易风险越低；技术交易双方的信任缺失已成为制约技术交易效率提升的瓶颈。此外，已有学者通过实证数据证实良好的信任关系能提高技术交易双方 6%～23% 的签约成功率（Jensen，2015）。现有研究已证实供需双方良好的信任关系会让交易活动充满善意，在面对交易的不确定性时，不会实施机会主义行为，降低因契约不完全引起的交易风险，对于技术交易效率的提升具有积极正向影响。

### 6.1.2 技术中介对技术交易效率的影响

（1）技术中介对技术供需双方信任影响

陌生的技术交易供需双方间信任的建立并非易事，前文的研究结果表明，信任的建立既有施信方自身的特征影响，也与受信方的特征相关。其中，受信方的能力、声誉及双方的合作经验对施信方的信任建立具有决定性影响，然而，现实的困境就是要施信方花费巨额成本才能获取受信方能力、声誉等方面信息，这显然不利于技术交易的发展。技术中介的出现是交易市场发展的必然选择，是社会分工的一种新表现，是对技术交易市场发展不足的弥补，技术中介作为交易供需主体外的第三主体，可以帮助促进技术供需双方信任的建立。

技术交易中的能力是指技术交易双方为实现预期交易结果所必需的各种能力的集合，既包括技术交易双方的技术水平、资金状况，还包括技术交易必需的支撑硬件、软件等设施资源。声誉则是人们的印象和认知以及质量信号的反映，是公众对某人或某物的总体评价，是归属于某人或某物的独有的特征或特质。技术中介在日常的经营活动中，会通过多种方式搜集和甄别技术相关方的能力、声誉等相关信息，不断累积，当有意向的交易方出现时，技术中介会向其呈现该类信息。相对于技术交易供需双方而言,技术中介所拥有的交易双方的能力和声誉等信息要远远高于交易中一方所知的。技术中介利用专业知识协助技术提供方明晰技术交易的收益模式和前景,对技术的成熟度、专业性、可靠程度、市场前景、投入产出比等方面进行综合评估,判别需求方的技术接收能力以及履约概率;协助技术需求方甄别技术的真实价值和技术价值增值的可行性,判别技术提供方的技术能力及交易意愿。技术中介通过传递此类信息,让技术供需双方实现以较低的成本和较高的准确度完成受信方的可信任评估。

合作经验是双方合作的经历,这种经历既包括技术交易方面的合作,也包括其他领域的合作。若双方是初次接洽,合作经验为零,由于技术的特殊属性,双方再次交易的可能性并不大,因此对于单次交易,双方投机的概率都相当高。技术中介的出现很大程度上降低了这种投机概率,让技术供需双方间的单次博弈,变成了由技术提供方和技术中介,以及技术需求方和技术中介之间的两两重复博弈。因为,技术中介在市场中是长期存在的,技术提供方或需求方只要还需进行技术交易,就避免不了与技术中介接洽,为获取长期收益,理性的技术供需双方就不会采取投机行为。重复博弈使得技术中介与技术供需双方之间的合作经验具有了较强的传递性,技术中介与交易一方共享的合作经验信息具有较高的参考和借鉴价值。

(2) 技术中介对技术交易效率的影响

技术中介是随着技术交易市场分工细化应运而生的市场组织形式,在现今的技术交易发展中占据着越来越重要的作用,有技术中介参与的技术交易形式在技术交易市场中的比重越来越大。显然,作为参与市场分工的第三方,技术中介的参与会降低技术交易中的信息非对称的影响,弥补技术交易市场发展的自身劣势属性,有利于推动技术交易的发展。在技术交易活动中,由于信息不对称、不确定性等交易特征的影响,当只有技术供需双方参与交易时,受自身技术能力的限制,逆向选择会在市场中出现,技术交易市场中充斥低价值的技术,高价值的技术难以交易;若技术中介能积极参与交易,利用自己的声誉和专业能力发出具有公信力的“市场信号”,会形成高低价值技术的有效区分，提高技术交易市场效率，提升社会总福利（方世建，2003）。

段兆英（2008）从交易的过程视角出发，构建技术中介功能分析模型，分析指出技术中介具有信息对称功能、信任增加功能、技术抑制功能、风险管理功能和技术扩散功能。技术中介参与交易的不同目的及功能，可以降低交易供需双方的搜寻难度，降低交易双方匹配的不确定性，降低技术交易的交易成本（董正英，2005）。因此，技术中介的参与会对交易双方的关系产生重要影响。当技术中介参与技术交易活动时，会让交易流程趋于专业化和程序化，可以拓宽交易双方的信息沟通、增强互信及协调冲突的渠道，拓展供需双方关系范围（徐雨森，2011）；会缩短交易双方的认知、地理、组织、人际等多种关系距离（Villani，2017）。因此，技术中介的参与可以保障交易的公平和公正，进而降低交易的不确定性，减少机会主义行为的发生，有利于技术交易效率的提升。

### 6.1.3 信息共享对技术交易效率的影响

技术交易中的信息共享是指技术交易供需双方在特定范围内，将已有的全部或部分技术的相关信息提供给交易的另一方，以达到信息价值的共享利用。研究认为，技术交易中存在诸多不确定性，既有技术本身带来的不确定性，也有主体行为引起的不确定性（华冬芳，2016）。根据信息论相关理论，信息的存在是用来消除随机不确定性。从社会交换理论来看，技术交易供需双方的信息共享是一种重要的资源交换行为，这种交换行为会使交换双方关系更加紧密，降低双方的沟通障碍（曾敏刚，2013）。此外，信息共享主要包含信息共享内容和信息共享质量，信息共享内容越宽泛，信息共享的质量越高，则交易成本越低（叶飞，2011）。因此，交易双方高水平的信息共享，有利于降低交易中的各种不确定性，降低交易成本，提升技术交易效率。

(1) 技术中介与信息共享

技术供需双方间存在技术信息势差是技术交易发生的前提，技术提供方利用这种信息不对称获取应得收益的同时，最大限度地降低这种信息势差，是技术交易的预期目标。因此，为保护自身的利益，技术提供方在无法保障其收益安全的基础上，是不会将该部分信息主动全部披露，否则由于技术的公共物品属性，将不会有技术需求方向其购买该技术，技术交易也不会发生。由于技术提供方是信息优势方，技术需求方在交易前是不可能拥有该类技术信息，以自身的技术能力，难以对技术的价值做出准确评价。在此情境下，技术供需双方签约变得困难。

在技术搜索阶段，技术供需双方间信息不对称的主要体现在，技术提供方缺乏技术需求方是否具备该技术的吸收能力、技术的市场应用前景等方面信息；技术需求方则缺乏技术的真实定价，与己方匹配概率，技术扩散的可能获利等方面信息。要获取该方面信息，一是双方缺乏甄别该类信息真伪的能力，二是信息获取和甄别的过程会耗费大量的时间、人力、精力、财力，交易的成本大幅增长，且多为沉没成本。当高声誉的技术中介参与其中时，技术中介的技术价值评估、沟通渠道、市场咨询等职能可以弥补双方某些领域的技术能力不足和信息缺陷。咨询报告、项目可行性分析书、市场调查报告等都是反映该类信息价值的承载体。技术供需双方通过该类信息承载体的获取，则只需耗费较少的交易成本就能做出有效决策，大幅降低了信息非对称对交易的不利影响。

(2) 信任与信息共享

现有研究认为，技术交易活动中，良好的信任关系有助于交易双方的信息共享。首先，信任能增加技术交易双方特别是技术提供方的信息共享意愿。技术交易发生的原因是技术供需双方存在技术势差，当技术提供方信任需求方，愿意与需求方共享相关的技术隐性知识，特别是技术关键或诀窍时，则会大大降低需方的技术接受成本。张运华(2016)运用实证数据验证了上述结论。其次，信任能提高交易双方的技术交易预期，提高信息共享水平(寿志钢，2008)。当交易一方信任另一方具备实现交易的技术能力时，施信方就会对交易预期充满信心，投入更多专用性资产，并积极共享高质量和广范围的信息，以期实现交易的最大收益。

## 6.2 技术交易效率理论模型构建

基于以上综合分析，本书就技术中介、信任、信息共享与技术交易效率之间的影响关系提出以下假设。

H1：技术中介的参与对供需双方信任关系的建立具有显著的正向影响；

H2：良好的信任关系对技术交易效率的提升具有显著的正向影响；

H3：技术中介的参与对技术交易的提升具有显著的正向影响；

H4：技术中介的参与对供需双方信息共享水平具有显著的正向影响；

H5：供需双方信息共享水平对技术交易效率具有显著的正向影响；

H6：良好的信任关系对供需双方信息共享水平具有显著的正向影响。

研究的理论模型，如图 6－1 所示。该模型描述了技术中介、信任、信息共享与技术交易效率之间的关系。

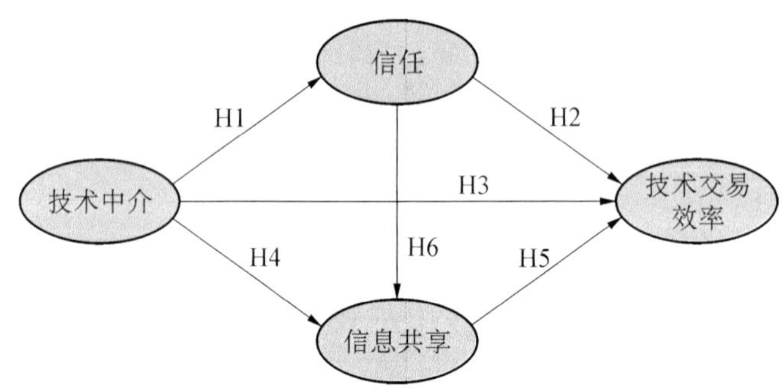


**图 6－1　技术中介、信任、信息共享与技术交易效率关系的概念模型**

## 6.3 技术交易效率实证设计

根据前文“技术中介—信任—信息共享—技术交易效率”四大变量的理论

推理与假设，因选取的变量涉及微观主体行为、主体关系等问题，实证数据难以通过宏观数据或文本资料等途径获得，因此本章采用调查问卷的方式收集相关数据，主要阐述问卷设计过程、变量测量、样本预试及数据分析方法。

### 6.3.1　问卷设计

调查问卷是管理科学中应用实证来研究微观主体行为关系的基本范式，本研究聚焦于技术中介、信任、信息共享及技术交易效率四大构念（又称构面、因子、因素、维度、潜在变量或不可观察变量），科学合理地设计调查过程。首先，通过文献分析、实地访谈和专家咨询等严谨系统地布局调查设计过程，以提高实证研究有效性；其次，借鉴国内外成熟的相关量表，结合国内技术交易实践，听取相关专家建议，设计适宜的测量问卷；最后，选择相应的分析方法和工具进行实证分析。

(1) 设计调查问卷初稿

在进行问卷设计前，厘清各构念之间的关系假设，对每一个构念梳理相关文献，寻找相关测量指标，重点借鉴相近学科的权威研究，通过选取国内外实证研究文献广泛引用的成熟量表作为问卷设计的主要参考资料，对于现有文献中没有较为成熟的构念的测量指标，笔者基于之前的理论研究，并通过企业访谈与咨询相关专家等方式修改并完善相关测量指标，设计完成问卷初稿。

(2) 征询意见完善问卷

为提高问卷的理论和操作上可行性，确保所收集的数据符合研究基本要求，提升研究质量，笔者就问卷结构设计、题项设计、语言表达等方面多次征求了相关业务领域专家，如国家技术转移中部中心、江苏技术交易市场、国家技术转移郑州中心等机构专家、高校技术转移办公室专家以及企、事业单位从事技术交易相关人员的意见，听取了学术界技术交易相关研究领域专家学者的建议。根据他们的反馈对本研究的问卷初稿进行修改完善，使问卷设计更加准确地反映本研究的理论构面，形成了问卷的修改稿。

(3) 小样本预试形成终稿

在进行大规模问卷发放前，马庆国建议通过预测试对问卷的题项进行有效性分析和评估，进而做出相应的修正。根据学者奥森伯格(Oksenberg)等相关建议，数据预测试样本数为25—75个较合适，对数据进行项目分析和试探性的可靠度分析，作为改善的依据。本研究共发放了预试问卷64份，回收结果显示测度量表的信度和效度都较好，但个别题项也存在文字表达不清等问题。针对该类问题，再次对量表相关题项进行适当修正，形成最终问卷。

经过上述流程，本研究最终形成《技术交易绩效调查问卷》，具体见文后附录。调查问卷的具体内容包含两个部分。第一部分是调查对象的基本信息，包括调查者所在城市、单位性质、从事岗位、技术交易频率及最近一次技术交易方式等。第二部分为衡量各变量指标，包括四个维度20个测试题，依次列示了信任、信息共享、技术中介和技术交易绩效的度量题项，每个测试题均采用7级李克特(Likert)量表表示。数字从1—7逐渐加强，数字1为“非常不符合”，表示符合程度很低，很弱；数字7为“非常符合”，表示符合程度很高，很强。同时为了降低与调查内容无关因素的影响，问卷进一步优化了相关细节，调查问卷在开始部分就调查内容和用途进行相关说明，强调调查问卷的学术性，而非商业性，消除被调查者的担忧；同时，对相关变量具体内容进行了简要说明，以便被调查者准确知悉调查的具体内容，避免答非所问，提高问卷回答的准确性；在题项之前对相关变量的内涵作了简要解释，以便让被调查者对调查内容有基本了解，避免理解偏差，提高回答问题的针对性；并在问卷中明确提示被调查者根据最近一次技术交易实际情况回答相关问题，避免因时间过长而导致记忆模糊、答案与实际情况不符等现象。

### 6.3.2　变量测量

本书中的研究变量包括技术交易效率(因变量)、技术中介(自变量)、信任(自变量)、信息共享(自变量)等核心变量。上述变量都不易观察,难以直接测度,为尽可能提高每个变量的测量准确度,结合相关文献,并在专家咨询建议和实际案例走访的基础上,本研究为每个变量设计了5个以上的题项,采用Likert七级量表加以测量。

(1) 技术交易效率(因变量)

本书研究的是微观层面的技术交易效率,是指在约定的时间内,在消耗相当数量的人力、物力、资金、时间等方面的交易成本后,技术交易供需双方因交易获得的综合社会福利。对于不同的供需双方而言,其参与技术交易活动的预期不尽相同,结合技术交易的专有特征,技术交易效率的衡量更多具有主观性,难以用客观数据度量。技术交易是技术提供方与技术需求方的一种以技术为媒介的合作,对于直接的交易方来说,对交易过程和结果是否满意是最为直观的表达,满意程度客观上也能反映效率的高低。满意度尽管是一个模糊、主观且相对的概念,但在评价合作绩效方面却是常见的主观指标。李玲(2011)在借鉴前人研究基础上,在评价技术创新网络中企业的合作绩效时,选择合作满意度作为重要的评价指标,主要考核了对合作成果的满意程度和对合作方关系的满意程度。此外,库奇曼和弗洛普(Couchman & Fulop,2009)、李世超(2011)等学者在研究知识转移合作绩效时,选择合作方未来合作意愿作为评价指标,薛卫(2010)等学者则认为在知识转移合作领域中,合作方获得大量的技术诀窍知识、合作方能够独立运用合作技术、合作方有能力改善技术成果等方面作为技术知识能力提升的关键指标。可见,在有关技术知识合作方面,技术知识能力的提升、对合作的满意程度、再次合作的意愿等都是评价合作绩效的重要指标。因此,本书结合技术交易的特点,通过实地调研并征求专家意见,设计了技术交易效率测量量表,具体如表6-1

所示。

表 6-1　技术交易效率测量量表

| 变　量 | 测量题项 | 依据或来源 |
|---|---|---|
| 技术交易效率 | 双方对交易的过程感到很满意 | 薛卫(2010);Couchman & Fulop(2009);李世超(2011);李玲(2011) |
| | 技术需求方能独立运用该技术 | |
| | 双方的技术能力得到提升 | |
| | 双方的合作时间已经持续很久 | |
| | 双方愿意继续开展更深层次的合作 | |

(2) 技术中介(自变量)

本书研究的技术中介是狭义上的技术中介,是指以营利为目的,通过与技术主体的互动,在不改变技术价值和技术所有权的基础上,促进技术交易活动的组织或个人(Tietze,2016)。综合而言,本书研究的技术中介基本内涵,一是为特定的目的进行服务,即仅指中介方为技术供需双方订立和履行技术合同进行的服务;二是技术中介提供全程服务,即贯穿洽谈、签约、履约的全过程,不仅周期长,而且内容丰富、复杂,是一种"多角化"的服务;三是技术中介是以技术知识为基础提供的服务,它在本质上属于技术服务。结合研究目标,本书研究的主旨是技术中介作为独立的第三方参与技术交易活动时对技术交易效率形成的影响,因此,本书主要是测量技术中介的参与对于技术交易效率的影响,并不测量技术中介组织内部的运行效率。评价技术中介对技术交易效率的影响,技术中介的联络引荐作用,技术评估、可行性分析的功能是考察的一个方向(李梅芳,2012),而学者们对于技术中介提供有关技术的搜寻及交换是其在技术交易搜索阶段所具备的关键职能有着共同认知(沃尔珀特,Wolpert,2002;董正英,2003;郭元源,2012);此外,技术中介作为第三方保障技术交易顺利进行以及降低技术交易的整体交易难度也是学者关注的方面(郭元源,2012)。因此,结合本书研究技术中介的主旨,笔者设计了技术交易效率测量量表,具体如表 6-2 所示。

表 6－2　技术中介测量量表

| 变　量 | 测量题项 | 依据或来源 |
| --- | --- | --- |
| 技术中介 | 技术中介提供信息服务，且信息真实、有效 | Wolpert（2002）；董正英（2003）；李梅芳（2012）；郭元源（2012） |
| | 技术中介能够联络引荐技术供需双方，降低技术搜寻难度 | |
| | 技术中介从事相关知识产权或技术保护工作，能保证相关方权益 | |
| | 技术中介能够对新技术应用方向和前景提供准确的预算评价，甄别技术价值 | |
| | 有技术中介参与的技术交易更容易实现 | |

(3) 信任(自变量)

前文研究认为信任是技术交易中技术供需双方之间的润滑剂，且技术交易主体间的信任可分为认知信任和情感信任两个维度。对于交易合作中信任的测量，麦考利斯特(McAllister，1995)设计了包含 11 项条款的量表测量个体间的认知信任与情感信任，其中，“这个人用专业和奉献精神完成他的工作”“鉴于这个人的记录，我认为没有理由怀疑他的能力和为工作做的准备”“我可以信赖这个人，不会因为他的粗心而使我的工作变得更困难”“对于大多数人来说，即使和他不是亲密的朋友，当他做同事时，会信任和尊重他”“我的其他工作伙伴会认为他是值得信赖的”“如果人们知道更多关于这个人的背景，他们会更密切关注他的表现”6 个题项考察认知信任。另外从“我们有良好的共享关系，我们能自由分享我们的想法、感觉和期望”“我知道他愿意倾听，并可以随时愿意和我讨论在工作中遇到的困难”“如果我们当中任何一个人不能再在一起工作，我们会感觉很失落”“如果我向他倾诉我的个人困难或疑惑，他一定会积极回应并且很关心”“我不得不承认，我们在工作关系中都投入了很多情感”5 个题项考察情感信任。McAllister 的信任测量量表得到了学者的广泛认可和应用。蔡和莫里斯(Chua&Morris，2008)、党兴华(2013)、房茂涛(2016)等学者在研究网络中的信任问题时，根据各自研究领域的不同，为获得更符合研究领域实际的数据，学者们对信任测量的相关题项作了部分调整。Chua&Morris 提出对于认知信任的测量可以通过题项“对方一旦做出承诺就会完成工作任务”和“对方拥有完成工作的知识和能力”予以反映，而对于情感型信任的测量则可以通过“彼此分享问题与困难”和“彼此共享希望与梦想”两个题项反映。根据本书的研究目标，本研究在借鉴上述信任测量量表基础上，结合技术交易实践，对量表中题项的具体文字、语句进行了调整和改善，设计了表 6－3 信任测量量表。

**表 6－3　信任测量量表**

| 变　量 | 测量题项 | 依据或来源 |
| --- | --- | --- |
| 信任 | 鉴于交易方的声誉，我方认为其具备交易所需的技术和能力 | McAllister(1995)；Chua & Morris(2008)；党兴华和孙永磊(2013)；房茂涛(2016) |
| | 双方能彼此分享交易意愿、交易感受和交易预期 | |
| | 当交易中出现困难或障碍时，双方能共同努力解决 | |
| | 交易方会用专业和奉献的精神对待我们之间的技术交易 | |
| | 交易过程中，双方投入大量精力、时间、物力维系关系，这个过程是愉快且值当的 | |

(4) 信息共享(自变量)

技术交易中的信息共享是指技术交易供需双方在特定范围内，将已有的全部或部分技术相关信息提供给交易的另一方，以达到信息价值的共享利用。学者们的研究多将信息共享内容和信息共享质量作为评价信息共享水平的两个维度。供应链上组织间的信息共享是学者研究的重点领域。叶飞(2012)在调查广东省珠三角地区制造企业运营绩效问卷时，选择从供应商共享生产能力信息、共享生产计划信息等 6 个题项评价信息共享内容，从共享信息的完整性、准确性、及时性、可靠性等 5 个题项评价信息共享质量。刘学(2008)在研究研发联盟绩效时，选用是否愿意向另一方提供合同以外的信息作为评价信息共享水平的指标。在知识共享领域，博克(Bock，2005)将是否共享经验和诀窍作为衡量共享水平高低的标准。在技术交易中，信息共享同样存在信息共享内容和质量，结合技术信息的特点，笔者设计了表6-4信息共享测量量表。

**表6-4　信息共享测量量表**

| 变　量 | 测量题项 | 依据或来源 |
|---|---|---|
| 信息共享 | 双方愿意共享技术关键知识 | 叶飞(2012)；刘学(2008)；Bock(2005) |
| | 双方愿意共享技术经验或诀窍 | |
| | 双方愿意共享技术可能存在的不足 | |
| | 双方愿意共享技术的应用预测信息 | |
| | 双方愿意提供合同以外的信息 | |

### 6.3.3　数据分析方法

为了验证上一章理论模型中的研究假设，本研究采用社会科学统计软件SPSS 24.0对预试数据进行项目分析来评估和改善预试问卷，对模型中各变量进行描述性统计、因子分析、中介效应分析等，采用AMOS 24.0统计软件对数据的信效度、模型的拟合优度、结构方程模型进行检验，并完成结构方程模型的“最后一公里”交叉验证分析。

(1) 描述性统计分析

描述性统计分析是统计分析的基础，是指将通过调查问卷活动收集到的数据进行初步的分类和汇总，通过对基本统计量的计算和描述，从不同视角把握数据的基本特征和总体分布形态，为进一步的统计分析作初步评价。本研究利用描述性统计分析方法，从整体上展现样本单位和人员的基本信息及其构成，如单位性质、岗位性质、交易频率、交易形式等情况，并对相关信息的比例等进行基础性描述分析。

(2) 信效度分析

信度是指测量结果的可靠性与一致性，信度本身与测量结果正确与否无关，它的功能在于衡量测量工具的稳定性，即重复施以相同的测量，可以获得相同的结果。为了确保量表的可靠性和稳定性，首先应对量表进行信度分析。常见的检测方法有 Cronbach's Alpha 系数、Composite Reliability(组成信度)、Test-retest Reliability(再测信度)。本研究采用 AMOS 24.0 软件对样本数据的 CR 值进行分析。CR 值介于 0 和 1 之间，表示测量题项的内部一致性，CR 值越高显示内部一致性程度越高，0.7 是可接受的门槛。

效度指测量量表的有效性，反映量表所测内容与实际情形的接近程度。本研究从内容效度和建构效度两方面来进行检验。内容效度是指所设计的量表涵盖研究主题的程度，本研究对量表的内容效度采取了两方面的控制：第一，量表设计遵循规范过程，以相关理论为基础，参考并借鉴国内外广泛引用的成熟量表；第二，通过企业访谈与咨询专家等方式修订并完善相关测量指标。建构效度用来检验量表的题项对所需测量潜变量的反映程度，主要包括收敛效度和区别效度。其中收敛效度是指同一个维度的测量题目之间应该有较高的相关，其检验指标：一是所有题目的标准化因素负荷量；二是组合信度；三是因子的平均方差萃取量(AVE)(海尔，Hair，2009)。区别效度是指不同维度之间的测量题目之间不能有高度相关，其检验方法：一是置信区间法，利用 Bootstrap 计算构面之间的相关系数 95%的置信区间，若区间没包含 1，则有区别效度(图克萨戴，Torkzadeh，2003)；二是 SEM 系数鉴定法，将构面之间的相关系数设为 1，若拒绝则表示有区别效度(安德森 & 格宾，Anderson & Gerbing，1988；博戈萨，Bogozzi，1991)；三是 AVE 法，若每个构面的 AVE 大于构面相关系数的平方，则表示有区别效度(福内尔 & 拉克尔，Fornell & Larcker，1981)。

(3) 结构方程模型

结构方程模型(Structural Equation Modeling，SEM)又称协方差结构分析，是用来表示观察变量与潜变量，以及潜变量之间关系的一种统计方法，自20世纪70年代以来得到了快速发展，已成为社会科学领域应用极其广泛的一种统计建模方法。社会科学领域中难以直接准确测量的变量称为潜变量，结构方程模型解决了传统统计方法不能有效处理这些潜变量的问题，通过对这些难以测量的变量设定观测变量，用观测变量的统计分析来研究潜变量之间的关系。结构方程模型包含测量模型和结构模型，测量模型用来分析观测变量与潜变量之间的关系，结构模型则研究潜变量之间的关系。

结构方程模型的核心优势首先是建立在某一假设的理论架构之上，通过采集、分析数据来验证这一理论假设的适切性，具有理论先验性（吴明隆，2010），是一种可以将测量与分析整合为一的计量研究技术，并可同时分析处理多个因变量之间的复杂关系，允许存在多种测量误差，模型的设定更具弹性，在模型拟合数据不是很好的情况下提供模型修正策略，最后能对模型做稳定性检验。本研究涉及技术交易主体信任、信息共享、技术交易效率等多个潜变量，变量观测的难度较大且具有较强的主观性，同时变量之间的关系较为复杂，较适合应用行为科学与社会领域量化研究广泛应用的统计方法SEM模型，而作为SEM分析软件中最常用的AMOS软件则有着得天独厚的优势，首先，AMOS软件属于SPSS家族系列，二者的数据文件互通，其次，AMOS软件有着强大的绘图功能，输入的报表简单易懂；最后，AMOS软件有着多群组分析、结构平均数检验等优势。Guo(2009)等做出了SEM软件使用对比图，其中AMOS软件排首位占40%，LISREL占25%，Mplus占3.1%。因此本研究采用AMOS 24.0软件进行分析处理，建立结构方程模型并验证研究假设，在调查数据的基础上，检验技术中介变量、信任变量、信息共享变量和技术交易效率变量之间的影响关系。

(4) 模型稳定性检验

结构方程模型验证研究假设，并由样本数据得出变量之间的影响关系后，研究者仍需进一步探究此假设模型是否适配于不同样本群组，以验证模型稳定效度和跨群组效度，这个过程称为模型稳定性检验，Diamantoulos & Siguaw(2000)也把其称为交叉验证的一种形式，是结构方程模型的“最后一公里”。Pohlmann(2004)建议模型稳定性检验有效样本数最好能达300以上，利用 SPSS 软件将原有样本随机分割成两群，一群称为测定样本，另一群称为效度样本，对这两组样本建立的假设模型进行等同性检验，一般最常使用的检验顺序是：① 因素负荷量；② 结构路径系数；③ 结构协方差。若两群之间无显著差异（$p > 0.05$），则表示原模型具有相当的稳定性，即交叉验证成立（Breckler，1990），即量表可适用于同一总群体的不同群组。

### 6.3.4 样本预试

（1）预试样本基本特征

通过小样本预试对问卷各题项的可靠性程度和构面的信度进行检验，以作为问卷改善的依据，尽可能地保证大规模样本调研的真实性和可靠性。Oksenberg 等建议预试样本数可选取在 25—75 之间，本研究共计发放预试问卷 80 份，回收有效问卷 64 份，有效回收率为 80%，下表为预试问卷填答者基本特征情况。从表 6－5 中可以看出，填答者涵盖了企业、高校、科研院所、中介机构、政府部门等行业，并从事或参与过相关的技术交易活动，利于理解并填答问卷内容。

**表 6－5　预试样本填答者基本特征（$N=64$）**

| 题　项 | 分　类 | 频　次 | 百分比/% | 累计百分比/% |
|---|---|---|---|---|
| 单位性质 | 高　　校 | 21 | 32.8 | 32.8 |
| | 科研院所 | 4 | 6.3 | 39.1 |
| | 企　　业 | 30 | 46.9 | 85.9 |
| | 政府机构 | 2 | 3.1 | 89.1 |
| | 技术中介 | 2 | 3.1 | 92.2 |
| | 其　　他 | 5 | 7.8 | 100.0 |
| 所在岗位 | 科研人员 | 24 | 37.5 | 37.5 |
| | 企业人员 | 23 | 35.9 | 73.4 |
| | 中介人员 | 3 | 4.7 | 78.1 |
| | 政府人员 | 2 | 3.1 | 81.3 |
| | 其　　他 | 12 | 18.8 | 100.0 |

续　表

| 题　项 | 分　类 | 频　次 | 百分比/% | 累计百分比/% |
|---|---|---|---|---|
| 最近一次技术交易方式 | 技术转让 | 12 | 18.8 | 18.8 |
| | 技术许可 | 2 | 3.1 | 21.9 |
| | 技术开发 | 21 | 32.8 | 54.7 |
| | 技术咨询 | 22 | 34.4 | 89.1 |
| | 其　　他 | 7 | 10.9 | 100.0 |

(2) 预试样本分析

本预试样本分析通过对量表的每一题项进行项目分析以及对量表构面的信度进行检验，作为编制正式量表的依据。项目分析旨在检验所编制的量表每一题项的可靠性程度，通过对每一题项的数据分成低分组及高分组两组，对每一构面之间的两组进行同质性检验以及独立 t 检定，若两组均值差异显著($p<0.05$)，则表示题项具有鉴别力，反之则题项无效，应予删除。项目分析结果可作为个别题项筛选或修改的依据。量表构面的信度则利用 Cronbach's Alpha 系数进行检验。Hair(2009)建议一份好的问卷，信度系数以 Cronbach's Alpha 系数0.70作为最低标准，最好在 0.80 以上；题项相关以 0.30 为最低标准；修正项目总相关，即与总体相关系数以 0.50 为最低标准。以下将通过 SPSS 24.0 软件对各变量的信度进行检验。

**表 6－6　信任的项目分析**

| item | 平均值等同性 $t$ 检验 | | | | 群组 | 个案数 | 平均值 | 标准差 | Cronbach's Alpha |
|---|---|---|---|---|---|---|---|---|---|
| | $t$ | 自由度 | p-value | 平均值差值 | | | | | |
| trust1 | −10.139 | 44 | 0.000 | −2.069 | low<br>high | 21<br>25 | 4.571<br>6.640 | 0.870<br>0.490 | 0.882 |
| trust2 | −10.864 | 44 | 0.000 | −2.219 | low<br>high | 21<br>25 | 4.381<br>6.600 | 0.805<br>0.577 | |
| trust3 | −8.639 | 44 | 0.000 | −2.204 | low<br>high | 21<br>25 | 4.476<br>6.680 | 1.167<br>0.476 | |

续　表

| item | 平均值等同性 $t$ 检验 | | | | 群组 | 个案数 | 平均值 | 标准差 | Cronbach's Alpha |
|---|---|---|---|---|---|---|---|---|---|
| | $t$ | 自由度 | p-value | 平均值差值 | | | | | |
| trust4 | −8.192 | 44 | 0.000 | −1.893 | low<br>high | 21<br>25 | 4.667<br>6.560 | 1.017<br>0.507 | 0.882 |
| trust5 | −7.965 | 44 | 0.000 | −2.267 | low<br>high | 21<br>25 | 4.333<br>6.600 | 1.155<br>0.764 | |

信任题项的项目分析结果如表 6－6 所示。由表 6－6 可知，信任题项的设计均具有较好的区分度（在 0.001 水平上，高低组的平均值有显著性差异），因此保留这五个信任测量题项；同时信任这个潜变量的 Cronbach's Alpha 系数为0.882，表示信任这个潜变量具有较好的信度，或称其测量是可信的。

**表 6－7　技术中介的项目分析**

| item | 平均值等同性 $t$ 检验 | | | | 群组 | 个案数 | 平均值 | 标准差 | Cronbach's Alpha |
|---|---|---|---|---|---|---|---|---|---|
| | $t$ | 自由度 | p-value | 平均值差值 | | | | | |
| agency1 | −9.195 | 58 | 0.000 | −2.026 | low<br>high | 29<br>31 | 4.103<br>6.129 | 0.939<br>0.763 | 0.925 |
| agency2 | −8.086 | 58 | 0.000 | −1.890 | low<br>high | 29<br>31 | 4.207<br>6.097 | 0.940<br>0.870 | |
| agency3 | −10.629 | 58 | 0.000 | −2.143 | low<br>high | 29<br>31 | 4.276<br>6.419 | 0.922<br>0.620 | |
| agency4 | −9.191 | 58 | 0.000 | −1.945 | low<br>high | 29<br>31 | 4.345<br>6.290 | 0.769<br>0.864 | |
| agency5 | −8.127 | 58 | 0.000 | −1.952 | low<br>high | 29<br>31 | 4.241<br>6.194 | 0.951<br>0.910 | |

技术中介题项的项目分析结果如表 6－7 所示。由表 6－7 可知，技术中介题项的设计均具有较好的区分度（在 0.001 水平上，高低组的平均值有显著性差异），因此保留这五个技术中介测量题项；同时技术中介潜变量的 Cronbach's Alpha 系数为 0.925，表示技术中介这个潜变量具有较好的信度，或称其测量是可信的。

**表 6-8　技术交易效率的项目分析**

| item | 平均值等同性 $t$ 检验 | | | | 群组 | 个案数 | 平均值 | 标准差 | Cronbach's Alpha |
|---|---|---|---|---|---|---|---|---|---|
| | $t$ | 自由度 | p-value | 平均值差值 | | | | | |
| effect1 | −7.312 | 59 | 0.000 | −1.690 | low<br>high | 28<br>33 | 4.643<br>6.333 | 1.062<br>0.736 | 0.880 |
| effect2 | −6.416 | 59 | 0.000 | −1.737 | low<br>high | 28<br>33 | 4.536<br>6.273 | 1.261<br>0.839 | |
| effect3 | −5.631 | 59 | 0.000 | −1.300 | low<br>high | 28<br>33 | 4.821<br>6.121 | 0.905<br>0.893 | |
| effect4 | −7.002 | 59 | 0.000 | −1.635 | low<br>high | 28<br>33 | 4.607<br>6.242 | 0.994<br>0.830 | |
| effect5 | −5.589 | 59 | 0.000 | −1.690 | low<br>high | 28<br>33 | 4.643<br>6.333 | 1.224<br>1.137 | |

技术交易效率题项的项目分析结果如表 6-8 所示。由表 6-8 可知，技术交易效率题项的设计均具有较好的区分度（在 0.001 水平上，高低组的平均值有显著性差异），因此保留这五个技术交易效率测量题项；同时技术交易效率潜变量的 Cronbach's Alpha 系数为 0.880，表示技术交易效率这个潜变量具有较好的信度，或称其测量是可信的。

**表 6-9　信息共享的项目分析**

| item | 平均值等同性 $t$ 检验 | | | | 群组 | 个案数 | 平均值 | 标准差 | Cronbach's Alpha |
|---|---|---|---|---|---|---|---|---|---|
| | $t$ | 自由度 | p-value | 平均值差值 | | | | | |
| share1 | −6.457 | 53 | 0.000 | −1.833 | low<br>high | 23<br>32 | 4.261<br>6.094 | 1.214<br>0.893 | 0.886 |
| share2 | −7.501 | 53 | 0.000 | −2.261 | low<br>high | 23<br>32 | 3.739<br>6.000 | 1.137<br>1.078 | |
| share3 | −9.060 | 53 | 0.000 | −2.274 | low<br>high | 23<br>32 | 3.913<br>6.188 | 0.848<br>0.965 | |
| share4 | −8.700 | 53 | 0.000 | −1.914 | low<br>high | 23<br>32 | 4.304<br>6.219 | 0.974<br>0.659 | |
| share5 | −4.442 | 53 | 0.000 | −1.576 | low<br>high | 23<br>32 | 4.174<br>5.750 | 1.154<br>1.391 | |

信息共享题项的项目分析结果如表 6－9 所示。由表 6－9 可知，信息共享题项的设计均具有较好的区分度(在 0.001 水平上，高低组的平均值有显著性差异)，因此保留这五个信息共享测量题项；同时信息共享潜变量的 Cronbach's Alpha 系数为 0.886，表示信息共享这个潜变量具有较好的信度，或称其测量是可信的。

# 第七章
# 技术交易效率实证分析及研究结论

依据上一章的研究假设与实证设计以及小样本预测试数据的项目分析，本章首先对大范围问卷调查所收集的数据进行描述性分析、探索性因子分析、信效度检验以及测量模型配适度检验，通过对数据的清洗以及质量评估，确保数据使用可靠性，进而构建结构方程模型，并对该模型进行路径分析、中介效应等分析，以验证理论分析所提出的假设关系，深入剖析并明确信任影响技术交易的机制及路径。

## 7.1 数据收集及样本描述

本研究采用问卷调查的方法收集相关数据。问卷的发放对象主要为高校、科研院所、典型企业以及技术中介相关人员，采用电子问卷和纸质问卷相结合的方式发放调查问卷，其中大规模问卷收集阶段，主要采用了以下几种方式进行问卷的发放：① 委托江苏技术产权交易市场、国家技术转移郑州中心、国家技术转移中部中心人员直接发放问卷；② 在个人所从事的相关高校技术转移关系网络中发放问卷；③ 委托高校 MBA 的任课教师，在 MBA 相关接触技术交易的学员中发放。本次问卷调查时间为 2017 年 4 月到 2017 年 6 月，共发放调查问卷 500 份，最终回收问卷 378 份，剔除通过“问卷星”发放由同一 IP 地址填写的多份问卷，剔除某一变量或所有变量的题项选择完全一致的问卷，有效问卷343份，问卷有效回收率为68.6%。

本研究设计的调查问卷包括调查人员和单位的基本内容，通过对回收到的343份有效问卷所反映的这些信息的分类汇总（如表7-1所示），可总体把握被调查人员单位、岗位、交易频率等分布状况。根据样本统计分析可知，调查人员所在单位的性质主要集中在高校和企业，其中，高校占比为31.5%，企业占比为51.0%，科研院所占比为4.7%，政府机构占比为3.5%，技术中介占比为1.5%，单位性质的分布比较符合技术交易的现实情况。现阶段的技术交易主要集中在高校和企业部门，说明本研究的样本调查具有较强的代表性和广泛性。

对于调查人员从事岗位的分布，样本统计结果显示，科研人员占29.4%，企业人员占44.6%，中介人员占2.9%，样本的分布同样符合现实的技术交易情况。尽管技术中介人员占比不高，但因主要研究技术提供方与技术需求方两者间的信任关系及影响，样本的分布满足研究的预期。此外，就技术交易频率而言，样本显示84%的调查人员都参与过技术交易活动，这保证了本研究的样本调查具有较高的准确性和真实性。对于技术交易的方式，技术转让占比为13.4%，技术许可占比为8.2%，技术开发占比为29.2%，技术咨询占比为36.7%，结果显示，技术咨询仍是技术交易中最为主要的交易方式，样本结果与实际交易情况的分布较为接近。综合而言，本研究样本的分布符合技术交易的实际现状，具有较强的代表性。

**表7-1　样本数据描述性统计表**

| 题项 | 类别 | 频次 | 百分比/% | 累计百分比/% |
|---|---|---|---|---|
| 单位性质 | 高　校 | 108 | 31.5 | 31.5 |
| | 科研院所 | 16 | 4.7 | 36.2 |
| | 企　业 | 175 | 51.0 | 87.2 |
| | 政府机构 | 12 | 3.5 | 90.7 |
| | 技术中介 | 5 | 1.4 | 92.1 |
| | 其　他 | 27 | 7.9 | 100.0 |
| | 总　计 | 343 | 100.0 | |

续　表

| 题项 | 类别 | 频次 | 百分比/% | 累计百分比/% |
|---|---|---|---|---|
| 所在岗位 | 科研人员 | 101 | 29.4 | 29.4 |
| | 企业人员 | 153 | 44.7 | 74.1 |
| | 中介人员 | 10 | 2.9 | 77.0 |
| | 政府人员 | 11 | 3.2 | 80.2 |
| | 其　他 | 68 | 19.8 | 100.0 |
| | 总　计 | 343 | 99.0 | |
| 技术交易频率 | 较为频繁 | 94 | 27.4 | 27.4 |
| | 有但不多 | 122 | 35.6 | 63.0 |
| | 部分参与 | 72 | 21.0 | 84.0 |
| | 有一定的了解 | 55 | 16.0 | 100.0 |
| | 总　计 | 343 | 100.0 | |
| 最近一次技术交易方式 | 技术转让 | 46 | 13.4 | 13.4 |
| | 技术许可 | 28 | 8.2 | 21.6 |
| | 技术开发 | 100 | 29.2 | 50.8 |
| | 技术咨询 | 126 | 36.7 | 87.5 |
| | 其　他 | 43 | 12.5 | 100.0 |
| | 总　计 | 343 | 100.0 | |

## 7.2　探索性因子分析

因子分析分为探索性因子分析和验证性因子分析。因子分析在实施过程中主要涵盖了以下三个方面的功能：描述性功能，即因子分析能将量表中数目众多的变量精简成数目不多的几个因子；探索性功能，即因子分析能将杂乱无章的众多变量进行排列组合，这种探索性功能有助于厘清思路，提出假设，也称为探索性因子分析；验证性功能，即因子分析能在使用者引用已有理论架构时,验证其理论和假设,也称验证性因子分析。本书所编制的量表虽借鉴了国内外大量的研究成果,但并非来自统一量表,而是通过文献研究、实地调研、征求专家意见等一系列过程提出的研究理论架构及编制的量表。故首先应通过探索性因子分析量表的结构,即量表可分为几个维度,每个维度可以对应哪些题项。通过对初始量表的分析,判断开发设计时应归于某一因子的题项是否落在该因子中,如若出现偏差,则需对量表题项进行删除或修改,即通过探索性因子分析达到对初始量表结构的检定。同时,探索性因子分析的可靠性还与样本数量密切相关。戈萨奇(Gorsuch,1983)指出,进行因子分析的样本总数不得少于 100 个;科米里 & 李(Comrey & Lee,1992)认为样本数少于 100 是不可接受的,200 左右属于一般状态,样本数大于 300 才是理想的;史蒂芬(Stevens,2003)提出,进行因子分析的样本数最小是所编制量表题项的 5 倍以上;而塔巴契尼克 & 菲德尔(Tabachnick & Fidell,2007)则认为在社会科学领域中,若进行因子分析时样本数达到 300,条件较为严苛,样本数达到 150 个就可以了。本书有效样本数量达到 343,满足学者们进行因子分析的标准,使用 SPSS 24.0 软件进行探索性因子分析。

**表 7 - 2　KMO 和 Bartlett 检验**

| Kaiser-Meyer-Olkin | 取样适切性量数 | 0.964 |
|---|---|---|
| Bartlett 球形检验 | 近似卡方 | 6 142.171 |
| | 自由度 | 190 |
| | 显著性 | 0.000 |

本书选择 KMO 和 Bartlett 球形度检验数据是否适合进行因子分析。结果如表 7 - 2 所示,所得 KMO 值为 0.964,接近于 1,表明问卷量表具有良好的内部一致性。同时,Bartlett 检验 Sig 值为 0.000,显示测试题项之间相关性显著,表示量表中含有公因子存在。可见,样本数据非常适合因子分析。

表 7 - 3 为纳入因子分析的 20 个测试题项,根据前文的理论基础和研究假设,抽取 4 个公因子,进行主成分分析和最大方差旋转后的"转轴后的成分矩阵表"。在确定是否能归入某一公因子时,Comrey & Lee(1992)认为,因素

负荷量在0.45—0.55为尚可,0.55—0.63为良好,0.63—0.71为非常好,0.71以上为最佳。Hair(2009)指出将删除因素负荷量低于0.5,且交叉负荷量高于0.4的测试题项作为取决标准。本书依据Hair的标准,首先考虑删除技术中介题项1"技术中介提供信息服务,且信息真实、有效",此题与信息共享维度的交叉程度较高,删除该题较为适宜。

**表7-3 转轴后的成分矩阵表**

| | 信 任 | 交易效率 | 技术中介 | 信息共享 |
|---|---|---|---|---|
| 信 任2 | 0.817 | | | |
| 信 任4 | 0.776 | | | |
| 信 任3 | 0.718 | | | |
| 信 任5 | 0.695 | | | |
| 信 任1 | 0.624 | | | |
| 交易效率4 | | 0.788 | | |
| 交易效率3 | | 0.754 | | |
| 交易效率2 | | 0.702 | | |
| 交易效率5 | | 0.632 | | |
| 交易效率1 | | 0.547 | | 0.403 |
| 技术中介5 | | | 0.794 | |
| 技术中介2 | | | 0.771 | |
| 技术中介3 | | | 0.754 | |
| 技术中介4 | | | 0.713 | |
| 技术中介1 | | | 0.619 | 0.492 |
| 信息共享5 | | | | 0.773 |
| 信息共享4 | 0.404 | | | 0.636 |
| 信息共享1 | | | | 0.619 |
| 信息共享3 | | | 0.402 | 0.601 |
| 信息共享2 | | | 0.406 | 0.589 |

而后将剩余的19个题项进行第二次探索性因子分析，采用限定抽取共同因素法，进行主成分抽取和最大方差旋转，萃取特征根大于1的因子，输出结果(如表7-4所示)，萃取的4个因子维度所包含的题项与之前的理论假设相符合，信任因子包含5个题项，其因素负荷量介于0.623—0.818之间；交易效率因子包含5个题项，其因素负荷量介于0.547—0.792之间，虽然其因子题项1“双方对交易的结果感到很满意”，有稍高于0.4的交叉负荷量，但属于可接受范围，故保留其题项；技术中介因子包含4个题项，其因素负荷量介于0.712—0.787之间；信息共享因子包含5个题项，其因素负荷量介于0.599—0.781之间，虽其因子题项4“双方愿意共享技术的应用预测信息”有0.402的交叉负荷量，但属于可接受范围，同时考虑删除过多题项，可能会导致丧失更多有用信息，故保留其题项。至此各维度的题项变量因素负荷量均大于0.5，表明各维度可以有效反映各指标变量。

**表7-4　因子分析表**

| | 信　任 | 交易效率 | 技术中介 | 信息共享 |
|---|---|---|---|---|
| 信　　任2 | 0.818 | | | |
| 信　　任4 | 0.773 | | | |
| 信　　任3 | 0.718 | | | |
| 信　　任5 | 0.696 | | | |
| 信　　任1 | 0.623 | | | |
| 交易效率4 | | 0.792 | | |
| 交易效率3 | | 0.753 | | |
| 交易效率2 | | 0.704 | | |
| 交易效率5 | | 0.630 | | |
| 交易效率1 | | 0.547 | | 0.407 |
| 技术中介5 | | | 0.787 | |
| 技术中介2 | | | 0.774 | |
| 技术中介3 | | | 0.755 | |
| 技术中介4 | | | 0.712 | |

续　表

| | 信　任 | 交易效率 | 技术中介 | 信息共享 |
|---|---|---|---|---|
| 信息共享 5 | | | | 0.781 |
| 信息共享 4 | 0.402 | | | 0.645 |
| 信息共享 1 | | | | 0.620 |
| 信息共享 3 | | | | 0.615 |
| 信息共享 2 | | | | 0.599 |

通过对表 7－4 中的 19 个题项进行探索性因子分析后，可析出特征值大于 1 的 4 个公因子（如表 7－5 所示），4 个公因子转轴后的特征值分别为 4.033、3.664、3.606、3.243，对方差的解释量分别为 21.225%、19.282%、18.976%、17.071%，对总方差的解释量累计为 76.554%，符合 60%以上的总方差解释量要求，表示析出的 4 个公因子是较为适合的。（此表仅保留转轴后特征值大于 1 的公因子）

表 7－5　解释总变异量表

| 成分 | 初始特征值 | | | 提取载荷平方和 | | | 旋转载荷平方和 | | |
|---|---|---|---|---|---|---|---|---|---|
| | 总计 | 方差/% | 累积/% | 总计 | 方差/% | 累积/% | 总计 | 方差/% | 累积/% |
| 1 | 11.799 | 62.100 | 62.100 | 11.799 | 62.100 | 62.100 | 4.033 | 21.225 | 21.225 |
| 2 | 1.184 | 6.231 | 68.330 | 1.184 | 6.231 | 68.330 | 3.664 | 19.282 | 40.507 |
| 3 | 0.847 | 4.458 | 72.788 | 0.847 | 4.458 | 72.788 | 3.606 | 18.976 | 59.483 |
| 4 | 0.715 | 3.766 | 76.554 | 0.715 | 3.766 | 76.554 | 3.243 | 17.071 | 76.554 |
| 5 | 0.570 | 3.002 | 79.556 | | | | | | |
| 6 | 0.469 | 2.467 | 82.023 | | | | | | |
| 7 | 0.448 | 2.358 | 84.381 | | | | | | |
| 8 | 0.385 | 2.028 | 86.410 | | | | | | |
| 9 | 0.359 | 1.892 | 88.302 | | | | | | |
| 10 | 0.328 | 1.727 | 90.028 | | | | | | |
| 11 | 0.293 | 1.543 | 91.572 | | | | | | |

续　表

| 成分 | 初始特征值 | | | 提取载荷平方和 | | | 旋转载荷平方和 | | |
|---|---|---|---|---|---|---|---|---|---|
| | 总计 | 方差/% | 累积/% | 总计 | 方差/% | 累积/% | 总计 | 方差/% | 累积/% |
| 12 | 0.255 | 1.342 | 92.914 | | | | | | |
| 13 | 0.230 | 1.211 | 94.125 | | | | | | |
| 14 | 0.222 | 1.170 | 95.294 | | | | | | |
| 15 | 0.209 | 1.102 | 96.397 | | | | | | |
| 16 | 0.194 | 1.024 | 97.420 | | | | | | |
| 17 | 0.176 | 0.927 | 98.348 | | | | | | |
| 18 | 0.159 | 0.839 | 99.187 | | | | | | |
| 19 | 0.155 | 0.813 | 100.000 | | | | | | |

## 7.3　信效度检验

本研究通过预试阶段的项目分析，并对各变量进行探索性因子分析，析出4个公因子：信任(包括题项1至题项5)、技术中介(包括题项1至题项5)、信息共享(包括题项1至题项5)以及交易效率(包括题项1至题项5)，建构出一个完整的SEM模型，采用AMOS 24.0软件对测量模型的信效度以及整体模型拟合优度进行检验。

### 7.3.1　测量模型分析

对测量模型的分析检验主要从组成信度和建构效度两方面进行。组成信度(CR，也称为建构信度)反映潜在变量的一致性程度，信度越高，则该潜在变量的内部一致性越好。建构效度则是用来检验量表的题项对所需测量潜变量的反映程度，主要包括收敛效度和区别效度。

组成信度的计算根据测量指标的标准化因素负荷量与误差变异量来估

算。学者们对组成信度所要达到的最低标准没有统一的看法。Fornell & Lacker(1981)、Bagozzi & Yi(1988)建议组成信度达到0.60以上即可;雷恩尤迪(Raines-Eudy,2000)认为只需0.5以上即可;Hair(2009)提出以0.7作为组成信度的最低标准。本研究四个构念的组成信度如下表所示,分别为0.906,0.932,0.906,0.920,远高于学者们建议的最低标准,表明模型的内在质量理想。

建构效度通过收敛效度和区别效度来衡量,收敛效度主要检验同一构念内的测量题项之间是否具有高度相关,依据Hair(2009)的三个判断标准:一是每一测量题项的标准化因素负荷量(Factor Loading)大于0.7,标准化因素负荷量的平方(SMC)大于0.5,并且非标准化参数在0.001水平上显著;二是组合信度(CR)大于0.7为理想;三是因子的平均方差萃取量(AVE),即构念的可解释变异量大于0.5。以"信任→信任3"为例,从下表中可知未标准化回归系数(Unstd.)为1,标准差(S.E.)为0.069,z检验值为14.596,表明该参数在0.001水平上显著,其标准化回归系数(Std.)也称为标准化因素负荷量值为0.790理想。另表中各因子的平均方差萃取量(AVE)的取值范围为0.660—0775,均为理想数值,各因子的组成信度值在0.906—0.932之间。因此,依据Hair(2009)的判别标准,本测量模型具有较好收敛效度。

**表7-6 信度与收敛效度分析**

| 维度 | 题目 | 参数显著性估计 | | | 题目信度 | | | 组成信度 | 收敛效度 |
|---|---|---|---|---|---|---|---|---|---|
| | | Unstd. | S.E. | z-value | P | Std. | SMC | CR | AVE |
| 信任 | 信任1 | 1.000 | | | | 0.741 | 0.549 | 0.906 | 0.660 |
| | 信任3 | 1.000 | 0.069 | 14.596 | *** | 0.790 | 0.624 | | |
| | 信任4 | 1.067 | 0.066 | 16.255 | *** | 0.876 | 0.767 | | |
| | 信任2 | 1.047 | 0.066 | 15.822 | *** | 0.853 | 0.728 | | |
| | 信任5 | 1.073 | 0.073 | 14.712 | *** | 0.796 | 0.634 | | |

续　表

| 维度 | 题目 | 参数显著性估计 | | | 题目信度 | | | 组成信度 | 收敛效度 |
|---|---|---|---|---|---|---|---|---|---|
| | | Unstd. | S.E. | z-value | P | Std. | SMC | CR | AVE |
| 技术中介 | 技术中介 2 | 1.000 | | | | 0.864 | 0.746 | 0.932 | 0.775 |
| | 技术中介 3 | 1.067 | 0.046 | 22.974 | * * * | 0.904 | 0.817 | | |
| | 技术中介 4 | 1.032 | 0.047 | 21.780 | * * * | 0.878 | 0.771 | | |
| | 技术中介 5 | 1.056 | 0.049 | 21.671 | * * * | 0.875 | 0.766 | | |
| 信息共享 | 信息共享 1 | 1.000 | | | | 0.828 | 0.686 | 0.906 | 0.661 |
| | 信息共享 2 | 1.063 | 0.056 | 18.816 | * * * | 0.856 | 0.733 | | |
| | 信息共享 3 | 0.983 | 0.056 | 17.473 | * * * | 0.813 | 0.661 | | |
| | 信息共享 4 | 1.021 | 0.054 | 18.813 | * * * | 0.856 | 0.733 | | |
| | 信息共享 5 | 0.897 | 0.063 | 14.256 | * * * | 0.701 | 0.491 | | |
| 技术交易效率 | 交易效率 1 | 1.000 | | | | 0.817 | 0.667 | 0.920 | 0.696 |
| | 交易效率 2 | 1.061 | 0.064 | 16.622 | * * * | 0.789 | 0.623 | | |
| | 交易效率 3 | 1.114 | 0.059 | 19.017 | * * * | 0.868 | 0.753 | | |
| | 交易效率 4 | 1.164 | 0.061 | 19.124 | * * * | 0.871 | 0.759 | | |
| | 交易效率 5 | 1.139 | 0.064 | 17.671 | * * * | 0.824 | 0.679 | | |

区别效度是指各构念之间的区别程度，区别效度的检验依据主要有以下三种方法：第一，利用 Bootstrap 计算构念之间相关系数 95％的置信区间，若区间没有包含 1，说明模型具有区别效度（Torkzadeh，2003）；第二，卡方差异检验法，将限定模型潜变量的方差设为 1，相关系数设为 1，将限定模型与非限定模型进行卡方差异度检验，若拒接原假设，则表示有区别效度（Anderson & Gerbing，1988）；第三，AVE 法，若每个构面的 AVE 大于构面相关系数的平方，即表示具有区别效度（Fornell & Larcker，1981）。综合比较以上三种检验方法，利用 Bootstrap 计算维度之间相关系数 95％的置信区

间进行模型区别效度检验。为保证结果有效性，分别通过验证 Anderson（1988）提出的用相关系数的点估计值加减两个标准差，判断其区间是否涵盖 1；Torkzadeh（2003）提出的百分位 Bootstrap 置信区间（Percentile）和偏差校正 Bootstrap 置信区间（Bias-corrected）内是否包含 1。验算结果见表 7－7：在 $\Phi \pm 2\sigma$，Bias-correct 及 Percentile 三类 95％置信区间内，三类置信区间均未包含 1，表示维度之间完全相关未被包含，因此相关不为 1，严格验证了信任、技术中介、交易效率与信息共享四个维度两两均具有区别效度。

**表 7－7 区别效度分析**

| Pair correlations | Point Estimate (Φ) | Bootstrap 1000 times 95% confidence interval | | | | | | |
|---|---|---|---|---|---|---|---|---|
| | | SE (σ) | Φ±2σ | | Bias-corrected | | Percentile | |
| | | | Lower | Upper | Lower | Upper | Lower | Upper |
| 信任↔信息共享 | 0.825 | 0.041 | 0.743 | 0.907 | 0.728 | 0.890 | 0.731 | 0.893 |
| 信任↔技术中介 | 0.739 | 0.047 | 0.645 | 0.833 | 0.640 | 0.827 | 0.643 | 0.827 |
| 信任↔交易效率 | 0.843 | 0.035 | 0.773 | 0.913 | 0.768 | 0.907 | 0.771 | 0.908 |
| 技术中介↔信息共享 | 0.862 | 0.033 | 0.796 | 0.928 | 0.791 | 0.920 | 0.793 | 0.922 |
| 信息共享↔交易效率 | 0.861 | 0.030 | 0.801 | 0.921 | 0.802 | 0.918 | 0.797 | 0.915 |
| 技术中介↔交易效率 | 0.823 | 0.029 | 0.765 | 0.881 | 0.762 | 0.877 | 0.759 | 0.875 |

### 7.3.2 整体模型配适度检验

在对模型进行配适度检验前首先须对模型是否存在违犯估计进行检验，根据伯恩（Byrne，2009）、Hair（2009）建议，本研究标准化系数介于 0.701—0.904 之间（见表 6－6），符合小于最高门槛值 0.95；构念方差及所有的残差均为正值并且显著，满足没有出现负的测量误差方差情形；同时也没有出现非常大的标准误差。故此检定模型不存在违犯估计（见表 7－8）。

表 7－8 违犯估计分析

| | Estimate | S.E. | C.R. | P |
|---|---|---|---|---|
| 技术中介 | 1.419 | 0.142 | 9.999 | * * * |
| e20 | 0.485 | 0.064 | 7.540 | * * * |
| e21 | 0.213 | 0.032 | 6.630 | * * * |
| e22 | 0.188 | 0.026 | 7.146 | * * * |
| e1 | 0.465 | 0.044 | 10.635 | * * * |
| e2 | 0.390 | 0.038 | 10.191 | * * * |
| e3 | 0.329 | 0.035 | 9.464 | * * * |
| e4 | 0.442 | 0.041 | 10.735 | * * * |
| e5 | 0.737 | 0.064 | 11.567 | * * * |
| e6 | 0.479 | 0.044 | 10.852 | * * * |
| e7 | 0.578 | 0.051 | 11.249 | * * * |
| e8 | 0.369 | 0.037 | 9.938 | * * * |
| e9 | 0.621 | 0.056 | 11.087 | * * * |
| e10 | 0.531 | 0.048 | 11.065 | * * * |
| e11 | 0.489 | 0.046 | 10.625 | * * * |
| e12 | 0.593 | 0.052 | 11.368 | * * * |
| e13 | 0.440 | 0.042 | 10.537 | * * * |
| e14 | 0.986 | 0.081 | 12.229 | * * * |
| e15 | 0.394 | 0.036 | 10.841 | * * * |
| e16 | 0.645 | 0.055 | 11.664 | * * * |
| e17 | 0.419 | 0.039 | 10.729 | * * * |
| e18 | 0.477 | 0.044 | 10.893 | * * * |
| e19 | 0.556 | 0.050 | 11.148 | * * * |

根据 Bogozzi & Yi(1988)关于模型配适度的观点，假设模型与实际数据是否相符需要考虑基本配适度指标(preliminary fit criteria)、模型内在结构配适度指标(fit of internal structural model)、整体模型配适度指标(overall model fit)三个方面。前文用测量模型的信效度来完成模型内在结构配适度指标的检核，即模型内在质量的检验；基本配适度指标检验的几个准则通过违犯估计来检核；整体模型配适度指标即模型外在质量的检验，Bogozzi & Yi (1988)将其分为绝对适配指标(absolute fit indices)、相对适配指标(relative fit indices)、简约适配指标(parsimonious fit indices)，Hair 同样建议评估整体模型配适度指标时，需考虑以上三类指标。Diamantopoulos & Siguaw(2000)则细分为整体适配度评估(overall fit assessment)、测量模型的评估(assessment of measurement model)、结构模型的评估(assessment of structural model)、统计检验力的评估(power assessment)四类。

SEM 模型基本假设为样本协方差矩阵(S)＝模型协方差矩阵 $\Sigma(\theta)$，即模型 $\Sigma(\theta)$矩阵与 $S$ 矩阵越接近，表示模型配适度越好。综合学者们关于整体模型配适度指标建议，本研究参考马库利德斯(Marcoulides，2009)的建议标准，统计量卡方值 $\chi^2$ 的建议标准为愈小愈好，且适用样本数在 100—200 之间，但在现实研究中一般问卷样本数均超过 200，而 $\chi^2$ 值受样本数影响较大，学者建议可参考卡方自由度比($\chi^2$/DF)统计量，并建议该统计量值介于 1—3 为理想，1—5 之间为可接受；下表中 GFI，AGFI，CFI，IFI，TLI 指标反映两模型的相似程度，指标越高则相似程度越高，建议标准大于 0.9 为理想，0.8—0.9 为可接受；RMSEA，SRMR 指标反映两模型的差异程度，指标越小则差异程度越小，建议标准为小于 0.08。采用最大似然估计法(MLE)对研究模型进行参数估计，得到研究模型配适度指标，分析结果如表 7－9 所示。数据显示除 GFI 和 AGFI 处于 0.8—0.9 的可接受范围，其余数据均为理想状态，故本模型具有良好模型配适度。

**表 7－9　研究模型拟合度指标**

| 模型拟合度<br>Model Fit Index | 建议标准<br>Criterion | 研究模型拟合度<br>Model Fit of Research Model | 符合<br>Fit |
|---|---|---|---|
| ML $\chi^2$ | smaller is better | 406.669 | |
| DF (Degree of Freedom) | bigger is better | 146 | |

续 表

| 模型拟合度 Model Fit Index | 建议标准 Criterion | 研究模型拟合度 Model Fit of Research Model | 符合 Fit |
| --- | --- | --- | --- |
| Normed Chi-sqr ( $\chi^2$ /DF) | 1< $\chi^2$ /DF<3 | 2.785 | ideal |
| GFI | >0.9 | 0.888 | acceptable |
| AGFI | >0.9 | 0.854 | acceptable |
| RMSEA | <0.08 | 0.072 | ideal |
| SRMR | <0.08 | 0.035 | ideal |
| TLI (NNFI) | >0.9 | 0.947 | ideal |
| CFI | >0.9 | 0.955 | ideal |
| IFI | >0.9 | 0.955 | ideal |

## 7.4 结构模型分析

基于文献梳理和探索性因子分析，将技术中介、信任、信息共享、技术交易效率作为四个构念，并利用结构方程模型刻画了六条直接影响路径。本研究将应用 AMOS 24.0 软件对前文理论模型中的直接路径进行实证数据的验证检验并通过应用程序 PROCESS 2.15 对模型中的间接效果进行分析检验。

在对结构模型分析之前，首先对自变量共线性和样本的独立性进行检验。样本的独立性检定选择 Durbin-Watson 检定，D－W 值为 1.975，表明数据符合样本独立性(2 左右)；方差膨胀系数(VIF)分别为 2.861、2.402、3.422，表明自变量不会出现共线性问题(VIF<3.5)。

根据非标准化结构模型(如图 7－1)中的非标准化系数，判断其显著性水平，即理论假设是否能获得数据模型的显著性支持，进而得出研究假设是被接受还是拒绝；根据标准化结构模型(如图 7－2)中的标准化系数，分析路径关系中的重要性程度，系数越大，则表示路径关系中的影响力越大。具体分析如下：

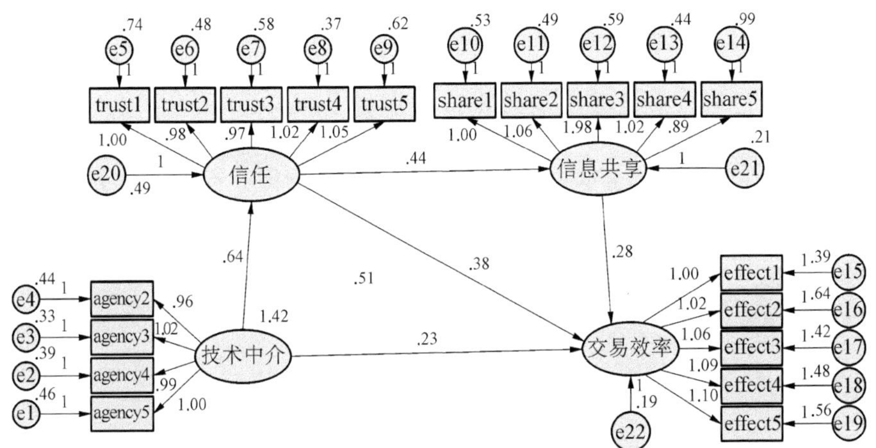


**图 7－1 非标准化模型**

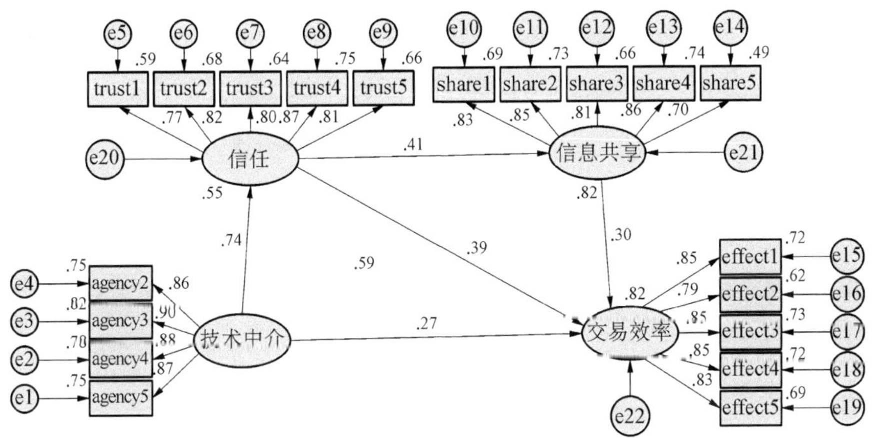


**图 7－2 标准化模型①**

(1) 技术中介与信任之间的关系

技术中介对信任有正向的显著性影响。通过结构方程模型的分析，技术中介与信任之间的标准化路径系数值为 0.739，表明具有很高的影响力；技术中介与信任之间的非标准化路径系数值为 0.641，临界值为 12.755，在 0.001 的

① 图中数据均已四舍五入为 2 位小数。

显著性水平下显著，即 H1 假设得到支持。

(2) 信任与信息共享之间的关系

信任对信息共享有正向的显著性影响。通过结构方程模型的分析，信任与信息共享之间的标准化路径系数值为 0.414，表明具有较高的影响力；信任与信息共享之间的非标准化路径系数值为 0.437，临界值为 7.373，在 0.001 的显著性水平下显著，即 H6 假设得到支持。

(3) 技术中介与信息共享之间的关系

技术中介对信息共享有正向的显著性影响。通过结构方程模型的分析，技术中介与信息共享之间的标准化路径系数值为 0.556，表明具有较高的影响力；技术中介与信息共享之间的非标准化路径系数值为 0.508，临界值为 9.846，在 0.001 的显著性水平下显著，即 H4 假设得到支持。

(4) 信息共享与交易效率之间的关系

信息共享对交易效率有正向的显著性影响。通过结构方程模型的分析，信息共享与交易效率之间的标准化路径系数值为 0.302，表明具有一定的影响力；信息共享与交易效率之间的非标准化路径系数值为 0.279，临界值为3.224，$p$ 值为 $0.001<0.05$，在 0.05 的显著性水平下显著，即 H5 假设得到支持。

(5) 技术中介与交易效率之间的关系

技术中介对交易效率有正向的显著性影响。通过结构方程模型的分析，技术中介与交易效率之间的标准化路径系数值为 0.272，表明具有一定的影响力；技术中介与交易效率之间的非标准化路径系数值为 0.231，临界值为 3.721，在 0.001 的显著性水平下显著，即 H3 假设得到支持。

(6) 信任与交易效率之间的关系

信任对交易效率有正向的显著性影响。通过结构方程模型的分析，信任与交易效率之间的标准化路径系数值为 0.393，表明具有较高的影响力；信任与交易效率之间的非标准化路径系数值为 0.384，临界值为 5.834，在 0.001 的显著性水平下显著，即 H2 假设得到支持。

综合以上分析结果表明，技术中介影响信任路径，信任和技术中介作用信息共享两条路径，技术中介、信任和信息共享作用交易效率的三条路径，均具有统计显著性，即前文研究假设均得到支持。进一步比较各标准化路径系数的差异，技术中介与信任之间的系数值为 0.739，说明技术中介对信任的影响力最大。在三个回归模型中，除了第一个模型 $R^2=0.546$，模型具有中度解释能力，其余两模型 $R^2>0.67$，具有高度解释能力（$0.19<R^2\leqslant 0.33$，低度；$0.33<R^2\leqslant 0.67$，中度；$R^2>0.67$，高度）。

**表 7-10　结构模型显著性检定**

| 因变量 | 自变量 | 非标准化系数 | 标准误 | z-value | $p$ | 标准化系数 | $R^2$ | 假设 | 结果 |
|---|---|---|---|---|---|---|---|---|---|
| 信任 | 技术中介 | 0.641 | 0.050 | 12.755 | * * * | 0.739 | 0.546 | H1 | 支持 |
| 信息共享 | 信任 | 0.437 | 0.059 | 7.373 | * * * | 0.414 | 0.821 | H6 | 支持 |
| | 技术中介 | 0.508 | 0.052 | 9.846 | * * * | 0.556 | | H4 | 支持 |
| | 信息共享 | 0.279 | 0.087 | 3.224 | 0.001 | 0.302 | 0.815 | H5 | 支持 |
| 交易效率 | 技术中介 | 0.231 | 0.062 | 3.721 | * * * | 0.272 | | H3 | 支持 |
| | 信任 | 0.384 | 0.066 | 5.834 | * * * | 0.393 | | H2 | 支持 |

## 7.5　中介效果检验

根据第四章理论分析，技术中介可通过改善技术交易主体信任关系对技术交易效率产生正向的显著影响，即认为存在“技术中介→信任→技术交易效率”路径；根据第五章理论分析，信任可通过改善技术交易主体信息共享程度对技术交易效率产生正向的显著影响，提出了“信任→信息共享→技术交易效率"的理论路径。依据四、五两章的理论基础,第六章提出了"技术中介→信任→信息共享→交易效率"的多步中介理论假设。本研究通过对以上两个简单中介和一个多中介变量中介效应的检验来验证之前的理论假设。梳理相关文献,在以往研究中,中介效应分析普遍参照 Baron & Kenny(1986)的因果逐步回归分析法进行检验,但近年来受到不少学者的质疑。故本研究采用国际上近年提出的最新中介效应检验程序 PROCESS 2.15 和 Bootstrap 方法进行中介效应检验的分析。PROCESS 程序插件是由 Preacher、Hayes 及其合作者设计,可直接免费下载(网址:www.guilford.com/p/hayes3),并安装在 SPSS 软件中使用。

根据第六章的理论模型,本研究共有三条中介路径需要检验,其中多步中介效应"技术中介→信任→信息共享→交易效率"的检验是关键。泰勒(Taylor)提出在检验多步中介效应的三类方法:因果逐步回归法、变量系数显著性检验和 Bootstrap 方法中,Bootstrap 法属最优;Hayes 同样建议使用 Bootstrap 法。具体操作如下,打开 SPSS 24.0 软件,选择分析→回归→PROCESS,依次选入自变量"技术中介"、中介变量"信任"、"信息共享"、因变量"交易效率",对照 Hayes 的 75 种理论模型中选择模型 6,设定 Bootstrap 样本量 1 000,勾选"偏差校正的非参数百分位法(Bias-Corrected)"和"95%"的置信区间,分析结果如下:① 模型存在信任和信息共享两个中介变量,并有前后顺序,所以存在 Ind1、Ind2 和 Ind3 三条中介路径;② "技术中介→信任→交易效率"的中介路径显著(0.148,0.312),即技术中介透过信任对技术交易效率产生 0.229 单位的显著影响,"技术中介→信任→信息共享→交易效率"中介路径显著(0.040,0.121),即技术中介先后透过信任和信息共享对交易效率产生 0.070 单位的显著影响,"技术中介→信息共享→交易效率"中介路径显著(0.075,0.232),技术中介透过信息共享对交易效率产生 0.140 单位的显著影响,三条中介效果的间接影响为0.438;③ 在控制了以上三条中介路径后,技术中介对技术交易效率的直接作用为 0.249。

表 7-11　中介效果

| | Effect | S.E. | LLCI | ULCI |
|---|---|---|---|---|
| 总效果 | 0.687 | 0.032 | 0.624 | 0.750 |
| 直接总效果 | 0.249 | 0.044 | 0.162 | 0.335 |
| 间接总效果 | 0.438 | 0.048 | 0.354 | 0.542 |
| Ind1:技术中介→信任→交易效率 | 0.229 | 0.041 | 0.148 | 0.312 |
| Ind2:技术中介→信任→信息共享→交易效率 | 0.070 | 0.020 | 0.040 | 0.121 |
| Ind3:技术中介→信息共享→交易效率 | 0.140 | 0.038 | 0.075 | 0.232 |
| C1 | 0.160 | 0.053 | 0.052 | 0.259 |
| C2 | 0.089 | 0.067 | −0.049 | 0.220 |
| C3 | −0.070 | 0.033 | −0.156 | −0.019 |

注:C1 为 Ind1－Ind2 间接效果差;C2 为 Ind1－Ind3 间接效果差;C2 为 Ind2－Ind3 间接效果差。

## 7.6　模型稳定性检验

在前文模型运算和验证过程中,虽数据分析结果基本符合研究假设,但学者 Breckler(1990)、Pohlmann(2004)建议可将所收集的有效样本(一般大于 300 个)随机分割成两群,一群建模,一群做校正,检验两群之间有无显著差异,即评估所提出的理论模型在不同样本群体间是否相等或参数具有不变性,该检验则称为模型稳定性检验。若两群之间无显著差异($p>0.05$),则表示模型具有相当的稳定性,也称为交叉验证成立。

本研究借助 SPSS 24.0 软件将 343 个样本随机分成两群,一群命名为效度样本(Validation Sample),样本量为 176;一群命名为测定样本(Calibration Sample),样本量为 167。执行 AMOS 24.0 软件的多群组分析(Multiple-Group Analysis),结果如表 7-12:① 第一行数据显示测量模型中共有 19 个测试题,损失 4 个自由度后,余 15 个测试题因素负荷量与原假设全等,即模型无差异($p=0.972>0.05$),接受原假设。② 第二行数据显示结构模型中 6 条结构路径系数与原假设全等，即模型无差异($p=0.580>0.05$)，接受原假设。③ 第三行数据显示测量或结构模型中方差或协方差与原假设全等，即模型无差异($p=0.662>0.05$)，接受原假设。④ 第四行数据显示结构模型中潜在变量的残差值或误差值的方差与原假设全等，即模型无差异($p=0.974>0.05$)，接受原假设。⑤ 第五行数据显示测量模型中测量变量误差值的方差 $p$ 值虽小于 0.05，但 $\Delta TLI<0.05$，从实务上显著，表明实务上测量模型残差仍是全等。根据上述检验结果可知，在样本数据随机分成两群后，两群无差异，证明研究模型具有效度稳定性，即交叉验证成立。

**表 7-12　模型稳定性检验**

| Model | $\Delta DF$ | $\Delta CMIN$ | $p$ | $\Delta TLI$ |
|---|---|---|---|---|
| 因素负荷量 | 15 | 6.410 | 0.972 | −0.006 |
| 结构路径系数 | 6 | 4.720 | 0.580 | −0.002 |
| 结构模型方差及协方差 | 1 | 0.191 | 0.662 | 0.000 |
| 结构模型残差 | 3 | 0.220 | 0.974 | −0.001 |
| 测量模型残差 | 19 | 56.365 | 0.000 | 0.002 |

## 7.7　结果分析

本书以技术交易为研究对象，以技术交易供需双方信任关系和信息共享为中间变量，展开技术中介对技术交易效率影响的实证分析研究，在结构方程模型的数据分析基础上，得出以下结论：

### (1) 技术中介、信任关系、信息共享对交易效率具有显著的正向影响

本书运用实证数据证实了技术中介、信任关系、信息共享三者均对技术交易效率的提升有着显著影响，其中信任关系的影响要强于技术中介和信息共享。这也给我们在技术交易实践中带来良好的启发，若技术供需双方之间具

有良好的信任关系，则会提升双方成功交易的能力、意愿和善意。当发生不确定性的交易结果时，交易双方不会因此产生投机行为，会愿意修改、完善交易契约，减少交易风险，进而降低交易成本，提升技术交易效率。

(2) 技术中介的参与有效改善技术交易双方信任关系和信息共享水平

前文结构方程模型路径系数的标准化估计值证实，当技术中介参与技术交易时，可以拓宽技术供需双方的沟通渠道，积极促进信任关系的建立，进而改善交易双方信任关系；同时技术中介专业的技术交易技能也能有效缓解交易双方的信息不对称影响，技术中介的监督和市场公信力职能则极大地抑制交易双方的投机行为，进而促进两者良好关系的建立。

(3) 信任和信息共享在技术中介与技术交易效率之间存在依次部分中介效应

研究结果有效地阐释了提升技术交易效率的三条具体路径。一是技术中介通过改善技术交易供需双方的信任关系来提升技术交易效率。二是技术中介通过提高交易双方的信息共享水平来提升技术交易效率。三是技术中介依次透过信任和信息共享对技术交易效率产生正向显著影响。研究结果表明，有技术中介参与的技术交易，交易双方的沟通渠道丰富，易形成良好的交易氛围，供需双方的信任关系建立较快，当形成良好的信任关系后，双方更愿意分享彼此的“秘密”，信息共享意愿显著提升，交易成本大大降低，实现交易效率的提升。

本书的研究证实了作为交易主体之一的技术中介如何改善技术交易供需双方信任关系，提高信息共享水平，进而提升技术交易效率，探讨了四者间的关系。研究的结果在完善技术交易的相关理论基础上，认为在技术交易实践中要加快推广有技术中介参与的技术交易模式，充分发挥技术中介的市场第三方功能，减少政府的行政干预，加速建立技术市场诚信体系。而因数据获取的局限性，技术中介参与模式的不同是否影响供需双方信任关系的建立，供需双方信任关系对于不同产业、不同区域的技术交易的影响是否存在差异，本书未能获得证实,后续研究可在此基础上展开进一步论证。

## 7.8 研究结论

技术交易是一个复杂的动态系统,相比较普通商品交易,技术交易呈现出信息非对称性、不确定性、缄默性、公共物品属性等专有特征,这种特殊的“商品”交易属性客观上为交易过程中的机会主义和“搭便车”行为提供了广阔的生存空间,而市场机制不可能自动且有效地消除此类行为,该类行为的发生严重制约了技术交易效率的提升。针对上述问题,笔者从信任视角展开了探讨研究。关于信任的研究在经济学领域成果非凡,互相信任可以降低交易成本,信任是经济合作的润滑剂早已得到学术界的一致认可。既然如此,在技术交易中是否同样需要信任?信任在技术交易中的作用机理究竟如何?改善技术供需双方的信任是否可以提升技术交易效率?基于此,本书从信任视角分析技术交易主体间行为决策,运用信息非对称、交易成本等理论知识厘清技术交易中信任机制、作用机理、信任建立等多个问题,并通过实证分析进一步检验相关理论研究结果。

本书首先探讨了技术供需双方之间的信任是否会对技术交易的效率产生决定性影响这一关键问题,以此揭示技术交易中的信任机制。在实践中,技术交易市场中主要活跃着三类技术交易主体行动者,分别是技术提供方、技术需求方和技术中介,由于分工的不同,技术提供方、技术需求方和技术中介参与交易的目的存在差异,致使市场中存在技术中介参与和不参与两种不同交易的方式,并展现出各自不同的交易特征。因此,笔者运用演化博弈理论分析不同情境下,技术供需双方选择信任决策的依据,讨论不同决策选择对技术交易结果的直接影响。

在厘清信任机制后,本书进一步研究了技术交易中的信任具体作用。结果表明信任之所以重要是因为技术交易的信息非对称性、不确定性等专有特征所致,而技术供需双方的能力、声誉、信任倾向、人格品质和合作经验等要素会影响信任建立。选择专用性资产作为信任信号,构建信任信号传递模型区分信息共享水平的高低。根据理论研究结果,本书构建了“技术中介—信任—

信息共享—交易效率”的技术交易效率理论模型，分析四者之间的关系。研究采用问卷调查方式收集数据，并对343份样本数据进行分析检验，构建结构方程模型，运用AMOS 24.0软件、SPSS 24.0软件对模型进行路径分析、中介效应等分析实证。

归纳前面章节的研究内容，本书形成以下几个主要结论。

### (1) 信任对技术交易效率提升具有显著的正向影响

技术交易具有的信息非对称性、交易不确定性、契约不完全性等专有特征会导致技术交易过程中风险增加，无法准确预期未来的交易结果，影响交易双方未来关系的发展，大肆滋生机会主义，增加交易的成本，降低技术交易的质量。这些特征也正是技术供需双方间信任动因所在，本文结合交易特征及其他领域对于信任的研究成果，定义技术交易中的信任是施信方对受信方的一种积极预期，是施信方承担交易风险的同时，相信受信方不会由此采取机会主义行为。信任在技术交易中并非一成不变，而是动态的，会从认知型信任发展到情感型信任。

厘清技术交易中信任动因和基本内涵的基础上，本书通过运用演化博弈理论模型分析技术交易供需双方选择信任或者不信任的决策行为时的施信方的收益和损失，求解交易的均衡状态。由于在技术交易实践中，存在技术中介参与和技术中介不参与两种交易实境，在技术中介不参与的情境下，信任的建立与演化是与施信方的投入成本及收益相关，而当技术中介参与时，只要技术中介发挥信息甄别功能，加大对投机方的惩罚，且对技术中介不甄别信息的不作为行为处以惩罚，并将该惩罚补偿给技术供需双方因此造成的损失，技术中介则会采取更为积极的甄别行动，进而促进技术供需双方采取信任决策。

本书进一步通过实证进行了信任影响的检验，问卷统计分析的结果验证了技术交易中的信任理论假设，信任是影响技术交易的关键因素，技术供需双方互相信任程度越高，越会达到较高的信息共享水平，这对技术交易效率具有显著的正向影响。

(2) 专用性资产作为信任的传递信号可行且有效

本书的研究表明,在技术交易过程中,一旦交易的一方建立信任,为达成交易预期,会积极向另一方传递这种信任,以期对方能信任己方。研究表明,简单的言语和行为并不能传递这种信任,只有复杂、具有价值的行为表现才能让受信方感知到这种信任。此时,由于信任,施信方会降低增加专用性投资转为沉没成本的风险担忧,因为施信方是相信受信方是善意的,并不会因专用性资产的增加而“要挟”己方,不会采取机会主义行为。降低这种风险担忧后,主动增加专用性资产投资成为施信方信任后必然采取的行为决策。因为,增加专用性资产投资,一是可以向受信方“立誓”,向受信方承诺己方放弃机会主义,并用这部分专用性资产作为“立誓”的抵押品;二是向受信方展示其具备完成此次交易所需的技术能力,期望双方彼此依赖;三是向受信方传递善意,告知对方当交易在因契约不完全需要再谈判时,其是善意的,再次谈判并达成结果并不困难。客观上,可观察的专用性资产投资强度反映了交易另一方对己方的信任程度。因此,专用性资产投资是传递了信任,是一种信任信号。在此基础上,本文进一步构建的信任信号传递模型论证了专用性资产作为信号的可行性和正确性。

信任通过专用性资产的信号传递会对交易主体产生不同的行为结果,对交易效率产生影响。信任的具体作用路径主要体现在:一是提升技术交易主体间的信息共享水平,当交易一方信任另一方具备实现交易的技术能力时,施信方就会对交易预期充满信心,增加专用性资产投资,主动积极共享高质量和广范围的信息,以期实现交易的最大收益;二是减少交易不确定性引起的风险,互相信任会削减双方的因不确定性带来的不安情绪,会增加专用性资产投资,尽可能降低交易不确定性的发生,即使交易过程中发生不确定性的风险时,双方也能理性对待,在充分考虑合作方的利益前提下,妥善处理由此产生的不利影响,信任让交易双方打消了在不确定产生时进行机会主义行为的动机。三是降低技术交易的成本,无论是技术的计划和谈判阶段,还是实施阶段,信任都会让双方有商有量,沟通顺畅,让专用性资产的投资效用最大化,减少沉没成本产生的可能,显著降低技术交易的交易成本。

本书研究结果表明,技术交易活动中存在“信任—信息共享—技术交易效率”这一信任的作用逻辑主线,且信任并非是单方的,是一个动态的,互相发展的过程,相互信任的技术供需双方因为信任会达成双边的专用性资产投资,形成互锁,实现信息共享的高水平,提升技术交易效率。

### (3) 技术中介的参与对交易效率提升具有显著的正向影响

技术交易的信息不对称性、契约不完全性等专有特征使得交易中存在无法逾越的信息障碍,而技术供需双方技术势差说明信息劣势方并不具备甄别信息真伪的能力,正是这种市场自身需求,技术中介应运而生,以一种新的分工方式来弥补市场失灵。技术中介一是为特定的目的进行服务,即仅指中介方为技术供需双方订立和履行技术合同进行的服务;二是技术中介提供全程服务,即贯穿洽谈、签约、履约的全过程,不仅周期长,而且内容丰富、复杂,是一种“多角化”的服务;三是技术中介是以技术知识为基础提供的服务,它在本质上属于技术服务。

本书研究结果有效地阐释了提升技术交易效率的三条具体路径:一是技术中介通过改善技术交易供需双方的信任关系来提升技术交易效率。二是技术中介通过提高交易双方的信息共享水平来提升技术交易效率。三是技术中介依次透过信任和信息共享对技术交易效率产生正向显著影响。研究结果表明,有技术中介参与的技术交易,技术中介作为市场中独立公正的一方,信息甄别传递的功能降低交易双方的信息甄别障碍,丰富交易双方的沟通渠道,易形成良好的交易氛围,供需双方的信任关系建立较快,当形成良好的信任关系后,双方更愿意分享彼此的“秘密”,信息共享意愿显著提升,交易成本大大降低,实现交易效率的提升。

# 第八章
# 信息时代技术交易市场发展与改革路径

信息时代，信息技术知识逐渐成为技术市场中的核心要素资源，政府、企业、科研院所、技术中介等市场主体要实现对信息技术知识这一核心要素资源进行有效配置，其难度远大于一般的资源要素市场。一方面，技术交易市场广泛存在的交易的不确定性、高度的信息非对称、外部经济性、合约的不完全性、交易成本高昂等基本属性特征并未发生本质性改变；另一方面，技术交易市场中的信息环境、技术环境、关系环境等市场环境却发生了巨大变化，信息失真、技术生命周期缩短、信息数据技术滞后等问题和困境不断涌现。技术交易市场中累积和新涌现的各种困境与不足，要求技术交易市场各主体积极自我调整，以适应新的市场分工需求，完备应有的市场功能与作用。

于此，本书从技术交易微观主体行为视角出发，探讨影响信息时代技术交易质与量的关键因素。前文依托信息不对称、交易成本、社会交换、演化博弈等理论研究成果和方法，借助实证分析展开了丰富且具有理论价值的研究。研究结果表明，信息时代，信任是影响技术交易主体行动决策的关键因素，技术交易主体间的信任与否会直接影响技术交易主体间的信息共享意愿与结果，最终影响技术交易效率。前文已从理论视角探讨了技术交易市场改革的必要性，本章围绕研究目标，在归纳总结影响技术交易主体微观行为决策因素基础上，基于政府、科研院所、企业、技术中介等主要参与主体的微观视角，从中宏观层面提出信息时代技术交易市场的具体改革方向和路径，为推动我国技术交易市场不断走向成熟与完善提供理论支撑和实践建议。

# 8.1　技术交易市场中政府的改革与发展

改革开放四十年来，我国政府对于市场在经济体制发展中的功能与地位已有准确认知，党的十八届三中全会更是明确提出，市场对资源配置起决定性作用，更好地发挥政府作用，正确处理政府与市场的关系，是我国经济体制改革和完善的指导方针。信息时代，技术交易市场作为特征显著的资源要素市场，政府在技术交易市场的发展建设中既要遵循市场发展规律，还要兼顾其专有特征，充分发挥市场调节引导功能，处理好与市场的关系，推动技术交易市场数据化改革与发展。

## 8.1.1　坚定树立服务型政府改革思想

信息时代，政府在具有中国特色的市场经济发展建设中究竟承担什么样的角色，对于这一问题，学术界争论一直很大，有部分学者推崇西方发达国家的做法，认为政府应完全放任市场自行发展，这显然不符合我国国情。我国地大物博，各区域经济发展基础、现状、人文文化、资源禀赋各不相同，不能一概而论。党的十八大、十九大针对我国市场经济改革发展现状和特点，明确指出当前及今后一段时间，我国社会主要矛盾已经转化为人民日益增长的美好生活需要和不平衡不充分的发展之间的矛盾，要使市场在资源配置中起决定性作用，更好发挥政府作用，必须坚持质量第一、效益优先，以供给侧结构性改革为主线，推动经济发展质量变革、效率变革、动力变革，提高全要素生产率，着力加快建设实体经济、科技创新、现代金融、人力资源协同发展的产业体系，着力构建市场机制有效、微观主体有活力、宏观调控有度的经济体制，不断增强我国经济创新力和竞争力。新时期党的市场经济建设思想已对政府在市场深化改革中的责任和权利做出纲领性要求，要推动深化机构和行政体制改革，转变政府职能，深化简政放权，创新监管方式，增强政府公信力和执行力，建设人民满意的服务型政府，要深化事业单位改革，强化公益属性，推进政事分开、事企分开、管办分离。

信息时代技术交易市场广泛存在信息失真、信息甄别成本高、机会主义滋生等现象，政府应该怎么做？简单的行政指令难以克服，也不可能彻底消除上述现象，政府要在技术交易市场改革发展中发挥正确的功能作用，必须坚定树立服务型政府的改革思想，只有从服务市场体系的建设发展的思想出发，才能在实践中助推技术交易市场各个微观主体发挥活力，才有可能建立和谐的市场主体关系。在技术交易市场体系构建中，政府如何才能实现服务功能、把握好政府与市场的边界，政府做到什么程度都需要各级政府结合各地区技术市场实际现状，在中央统筹规划下，制定符合该区域技术交易市场的发展政策。

### 8.1.2 明确地方的技术交易市场定位

技术交易市场体系并不是一个独立的市场体系，它既是由各地技术交易市场子系统架构组成，还与其他商品要素市场一并组成我国市场经济体系。技术交易市场体系的构建不仅要从单个区域、单个层面的市场问题出发，而且必须要从市场全局出发，合理配置资源，实现全要素市场协同发展。地方政府要结合地方比较优势、产业特色、科教资源，因省制宜，因市制宜，因县制宜，发展技术交易市场。各级政府要将有限的资源优先配置到关键地区、优势产业、基础建设中，发挥“四两拨千斤”的作用。一方面有效减少技术交易市场建设中的重复投入，另一方面集中省份资源、市县资源，深入研究具体一个或几个技术交易专业领域，专注技术交易过程中的关键环节和技术，打造各具地方特色的技术交易专业化优势。为实现地方在技术交易市场建设中的定位有效性，首先需要国家层面明确全局统筹规划导向，使区域之间形成定位互补，充分发挥科技创新、技术交易的区域集群效应。其次，各地区根据整体目标，结合地区比较优势，明确在国家技术交易市场体系中的定位，形成国家技术交易市场发展目标和地方技术交易市场发展目标的有机统一。此外，地方技术交易市场的发展定位还必须要与地方创新定位和国家市场经济重大战略的协调对接相融合,引导各地技术交易资源通过市场优化空间配置,促进市场资源要素充分流动。

### 8.1.3 加快技术交易法律法规制度建设

2006 年,李国杰院士做出了"技术转移是我国创新体系最薄弱环节"的判断。党的十八大以来,我国的技术创新取得了突破性的成就,在 2018 年政府报告中,改革科技管理制度,加强完善相关法律法规建设取得了显著成效。《中华人民共和国促进科技成果转化法》、《关于深化体制机制改革加快实施创新驱动发展战略的若干意见》(中发〔2015〕8 号)、《实施〈促进科技成果转化法〉若干规定》(国发〔2016〕16 号)、《促进科技成果转移转化行动方案》(国办发〔2016〕28 号),《国家技术转移体系建设方案》(国发〔2017〕44 号)、《进一步推动高校落实科技成果转化政策相关事项的通知》(教技厅〔2017〕139 号)、《关于加强知识产权审判领域改革创新若干问题的意见》、《知识产权对外转让有关工作办法(试行)》等一系列法律法规相继出台,形成了一整套制度规范。从知识产权的归属、收益分配、教学科研和创业的平衡、管理的公平透明化等全盘考虑,为促进科技成果转化,推动技术交易市场建设提供了制度保障,完善知识产权诉讼制度:减轻权利人举证负担,破解"举证难"问题;以补偿为主、惩罚为辅,破解"赔偿低"问题;加强知识产权案件审理便民性和时效性,破解"周期长"问题,同时要加大打击技术市场欺诈行为的力度,建立具有惩罚失信行为的有效机制。

改革开放四十年来,根据不同时期经济改革特点,各级政府多会制定出一系列符合技术市场经济发展需求的政策措施,以推动技术交易市场的繁荣与进步。然而,无论在什么时期,各地政府,尤其是基层政府在技术交易市场相关政策制度执行上往往存在虚化现象,政策的有效落实一直是横亘于地方基层政府政策执行层面的主要问题。避免政策虚化是确保政府将有限资源发挥到关键之处的主要路径,是实现技术交易市场建设"四两拨千斤"的关键,也是政府强化市场监管的具体表现。

### 8.1.4 积极构建技术市场信用评价体系

前文的研究表明，信任是影响技术交易质与量的关键因素，技术交易主体间信任的建立基于诸多信息甄别和评价基础上，信用则是技术交易主体过往各种交易信息的综合评价，完善的技术市场信用评价体系可以大幅降低市场交易主体在信息甄别上的成本，降低交易总成本，提高交易效益。十八大以来，政府已充分意识到信用体系建构在市场经济体系建设中的重要性和不可替代性，信息技术时代的到来，信用体系构建中所需的技术条件已经具备，缺乏的是对市场主体中各种交易信息、履约信息等各类信息统筹分析。具体而言，我国各级政府、各级掌管信息的职能部门，往往出于自身利益考虑，信息共享意愿不强，一定程度上制约了信用体系的构建，打破部门壁垒，打通政府职能部门间的信息沟壑是我国信用体系建设的关键。

2014 年 6 月，国务院制定并印发《社会信用体系建设规划纲要（2014—2020 年）》，强调社会信用体系建设要按照“政府推动，社会共建；健全法制，规范发展；统筹规划，分步实施；重点突破，强化应用”的原则有序推进。推进各信用信息系统的互联互通和信用信息的交换共享，逐步形成覆盖全部信用主体、所有信用信息类别、全国所有区域的信用信息网络。技术市场信用体系作为全国社会信用体系建设的一个子集，其建设必须符合我国整体社会信用体系建设规划要求，关键还是要实现技术交易信息与金融、社会、商务等信用体系的互联互通，首要是建立统一的信息采集、信息存储、信息传递的分类标准，其次是建立信息共享平台。

2015 年 10 月，由国家发展改革委牵头建设、国家信息中心承建的全国信用信息共享平台建成并上线运行，目前已接入国家发改委、中国人民银行、国家税务总局与海关总署等 43 个部门，接入地方（省级）32 个。截至 2018 年 9 月初，全国信用信息共享平台内信用信息从不到 2000 万条提升到超过 259 亿条。当前，我国市场组织已经实现社会统一信用代码，有利于技术交易信息纳入到全国信用信息共享平台中，加快了技术交易信用信息的可获取性、便捷性，有利于降低技术交易的信用信息获取成本。

此外，随着移动互联技术的快速发展，移动应用因其固有的随身性、可鉴权、可身份识别等独特优势，为传统的互联网类业务提供了可持续发展的新商业模式。据统计，2017 年中国移动手机用户规模就突破 14 亿，超过人口数量，中国移动互联网月活跃用户达到 9.7 亿人。在“无人不手机”的时代，技术交易市场信用建设也要紧跟时代，进入互联网，深入社会，信用信息的价值才能发挥更大的价值。

### 8.1.5　探索架构技术价值市场评价方式

“定价难”是全世界的技术交易都面临的一个难题。新技术在公开前，只是一种未转化为生产力的“无形资产”，公开后就失去了商业价值。技术的新颖性、交易的信息非对称性使得定价成为一件非常困难的事，更会带来较大的交易风险。对技术提供方来说，看到的更多是技术在未来的广阔前景，而技术需求方更多考虑技术是否先进以及在推广中面临的困难。确立客观、公正、科学的技术定价标准与方法显得尤为重要，主要可以从以下几个方面来考虑健全评估标准和方法：一是定价方式，市场上主要有协商定价、评估定价、挂牌交易三种形式。目前技术成果的定价问题还没有一个很好的解决方法，但现行的法律法规规定必须要经过第三方的评估，依据评估结果再进行定价，而采用不同的技术成果评估方法、运用不同的评估模型，其结果往往差距很大。二是定价过程，不管采取何种定价方式，掌握良好的谈判技巧对技术供需双方至关重要。当双方出价相差较大时，改变谈判策略，站在不同的角度会有不同的看法，得出不同的结果。三是支付方式，支付方式的不同也会导致结果的差异。技术交易的支付形式应以银行保函为主，银行保函是依据商务合同开出的，但又不依附于商务合同，是具有独立法律效力的法律文件。当技术交易的一方在保函项下合理索赔时，担保行就必须承担付款责任，而不论申请人是否同意付款，也不管合同是否履行的实际事实。这种支付方式既约束了技术提供方，也保护了技术需求方，降低了交易风险，也能有效防范机会主义的发生。

# 8.2 技术交易市场交易主体的改革与发展

## 8.2.1 加强组织信任文化建设

本书的研究表明,技术交易中存在严重的信息非对称现象,且该现象无法消除。对于交易的组织方来说,要让组织成员在对其他交易方存在优势信息、并出现投机收益诱惑时放弃机会主义行为,最为关键的还是在组织成员中建立"诚信交易"的道德底线,加强组织的信任文化建设。

在加强组织信任文化的建设中,一是要提高组织领导者对"诚信交易"信任文化的思想认知高度。一个组织领导者的信任文化认知和行为对组织文化的建设具有决定性作用,领导的信任认知和行为会潜移默化地影响组织的每个成员,会向组织成员传递在遇到机会主义时的行为准则边界。若一个组织领导者坚持"诚信交易"的基本原则,努力践行遵信守诺的行为准则,并以身作则,会对组织成员形成良好的行为规范参照,有利于在组织内部树立诚信的文化氛围。

二是要在组织中加强"诚信交易"理念的思想教育。现阶段,我国各行各业中都普遍存在"只有我讲诚信,别人又不诚信,到最后我吃亏,那我何必要诚信?"或者"只要能获取利益,管它诚信还是不诚信,眼前利益才是最重要的"等失信言论,这与我国现阶段整体出现的急功近利的经营环境有直接关系。在日常的组织运营过程中,组织中要有专门的部门或人员对成员进行有规划、有目的、有体系的"诚信经营"的持续性的系统信任文化教育,在组织中形成常态化的信任舆论文化。

三是加强"诚信交易"的信任文化管理。信任文化在组织中的建立并非易事,维护信任文化同样重要。现有多数组织唯经济利益为考核指标,对于组织成员中的失信行为和恶劣影响视而不见,这种行为不利于组织信任文化的日常管理。笔者认为,在日常管理中要将遵守承诺作为成员考核的综合指标之一，树立不诚信经营的生存危机感，无论是组织中的任何一个成员，在发生失信行为后，组织都应该给予该行为惩罚，要在组织运行中对失信行为零容忍，降低失信行为的不利影响。

### 8.2.2　拓宽信息沟通渠道

信息非对称是制约技术交易主体信任关系的主要因素之一，要改善主体间的信任关系则必须建立无障碍的信息沟通渠道，降低因信息沟通不畅导致的不良影响。对于技术交易主体而言，信息的无障碍沟通是交易主体间信任建立的基础，交易主体如缺乏通畅的信息沟通渠道，无论是在交易主体内部还是交易主体间，交易成员会隐藏甚至传递虚假信息，难以形成有效一致的行动，导致信任缺失，交易各方丧失合作的信心。在技术交易中，无障碍的沟通渠道既包括组织内部成员间的沟通，还包括组织与组织间的沟通。在技术交易过程中，交易主体要建立无障碍的信息沟通渠道，要在沟通层次、沟通方式、沟通环境等方面进行尝试和突破。

在沟通层次方面，交易主体要结合自身组织特点，要根据技术交易的特征和目标建立符合组织管理的技术交易项目部，项目部主要由项目经理负责，由研发、生产、市场、财务等多部门人员共同参与。据统计，在一个冗长的管埋层级中，从最高级管理者到执行者之间，信息只剩下 20%的真实性，而扁平化的技术交易项目管理结构则有利于改善原有部门冗余、层级多引起的沟通不畅、信息失真等现象。在沟通方式方面，建立互融的正式沟通和非正式沟通方式。正式沟通是常见的交易主体沟通方式，主要包括项目例会、项目推进会、项目协调会等。正式沟通是官方性质的，在沟通过程中，交易主体中层级相对低的成员会因自身原因，对于某些信息会隐藏或部分隐藏。而非正式沟通则可以弥补正式沟通中的不足，且随着移动互联网的发展，非正式沟通的方式和渠道时效性更高，非正式沟通的作用不可估量，交易主体要充分认识到非正式沟通的重要性，建立多种形式的非正式沟通渠道。在沟通环境方面，交易主体要积极营造适合的沟通环境。技术交易是将技术作为客体进行交易的活动，技术是知识的综合载体，技术价值的发挥与交易主体的能力直接相关。交易主体能力的积累与交易主体内部和外部各方面成员的支持分不开，在技术价值发挥的过程中，需要积累市场的信息、技术使用的环境信息、数据处理信息、财务信息等。技术交易中只有营造出良好的沟通环境，掌握各个知识点的成员才会具有主动将各自的信息释放、传递并汇集到技术交易主体最终技术使用点上的意愿，形成具备各项技术使用能力的组织技能网络。营造良好的沟通环境与组织的信任文化建设息息相关，信任文化会让组织成员在每件事的处理上都会形成统一的价值标准，具有规范的行为准则，有利于营造良好的沟通环境，沟通效率会有显著提升。

### 8.2.3　制定适合的交易激励模式

技术交易与其他商品交易合作最大的区别在于技术的不确定性引起的交易结果的不确定，技术交易是典型的不完全契约，这也导致随着交易的进程推进，交易的目标可能会与预期的结果相距甚远，既可能超出预期结果，也可能达不到交易预期。对于交易各方而言，只约定一种以物质为评价结果的激励方式会制约交易的发展，降低交易的主动意愿，不利于交易各方之间信任的建立。

现阶段，参与技术交易活动的各主体都应该树立“收益共享”的合作理念，结合技术的成熟度，签订符合技术实际的交易内容，约定在交易的不同阶段采取的激励考核方式。结合技术交易的特征，具体来说，在“收益共享”的合作愿景下，根据不同的组织形式，可以分别采取物质激励、声誉激励、情感激励和信息激励。毋庸置疑，物质激励是交易的基础，无论是技术提供方、技术需求方还是技术中介，都会期望通过交易实现技术的价值，价值的高低就是以物质作为评价的基础指标，在技术交易过程中，对技术进行明确的估价是交易的前提。声誉激励对于技术提供方，特别是高校和科研院所的效用更大，有效的声誉激励往往能事半功倍，较大地提升技术提供方交易的积极性。产权属性和运营机制的不同，导致高校和科研院所对于声誉更为看重，如果交易初期约定，当达成交易预期时，技术需求方花费一定成本给予合作高校或科研院所广泛且持续的宣传和褒扬，这对技术提供方团队成员会是积极的有效激励。情感激励是交易各方在交易过程中，对于交易团队成员的各方面表现的综合肯定，是通过关心交易方的实际交易困难，想办法在合作交易中为另一方排忧解难。情感认可会让交易方放松心理防御，情感激励会让交易方增加主动沟通交流的意愿。此外，信息激励在技术交易中尤为重要。前文的研究结果已证实，技术交易实质是技术提供方利用技术需求方未掌握的技术信息开展的交易活动。俗话说，“未知的才最可怕”，而当技术提供方将其优势信息释放并传递出来后，就是对技术需求方最佳的激励。在交易的过程中，有效的信息激励更能提振交易双方的交易信心，可以减少交易双方对于交易不确定性引起的担忧。

### 8.2.4　创新技术交易方式

随着技术的进步，技术交易的市场环境瞬息万变，传统的技术交易供需双方直接议价型交易方式难以适应技术市场的发展，以技术拍卖为代表的新型技术交易方式逐渐兴起，但市场对技术拍卖的认知仍处于较低水平，功能作用尚未能充分发挥。

拍卖是世界上最古老的价格发现机制之一，是一种传统的价格谈判机制，其已被证实用于各种高度专业化的产品交易是有效的，拍卖理论自 20 世纪末以来已发展成为一个专门体系进入中高级微观经济学的核心领域。技术拍卖则是近十年刚兴起，自 2010 年中国技术交易所举行第 1 次技术拍卖会后，技术拍卖会在我国各地都有出现，2018 年 3 月 8 日，江苏省技术产权交易市场举办了中国科学院专利成果竞价（拍卖）江苏专场会，并通过网络线上竞价，取得了巨大成功，线上的技术拍卖形式已开始得到市场的认可。

拍卖有利于形成一种合理价格机制的竞争过程，在诸多的交易形式中，拍卖有利于实现交易的公正性和公平性。技术交易活动中，技术拍卖相比于传统的议价谈判方式，在降低交易成本、促进双方信任建立及降低信息非对称影响等方面具有显著优势。对于一个潜在的技术需求方来说，由于与技术提供方存在技术能力差距，以及对技术的价值预期认知和判断，会在拍卖竞价阶段报出一个自我认可的最高报价。而当有多个潜在技术需求方在一起共同竞价时,每家都会报出一个自我认可的最高报价,报价的高低则侧面证明了潜在技术需求方对交易技术的渴求程度,报价最高者最终获得技术,反映了技术供需双方存在的技术能力差距,对技术价值具有一致的趋同性认可。对技术提供方来说,技术拍卖方式可以解决供方在寻找适合的潜在需方时遇到的困难;同时,可采用最低保留价格的拍卖方式,当所有潜在技术需求方报出的价格都低于技术提供方的最低价格需求时,则拍卖不再进行;尽管,在这个过程中会增加交易成本的风险,但对于整个技术交易市场而言,其交易效率还是有提升的,因为并非所有的技术发明创新都是市场所需的。对于组织技术拍卖的技术中介来说,将多个交易的技术主体聚集在一起组织拍卖活动,最大程度地降低了技术营销和管理的综合成本。

研究表明,并非所有的技术都适合技术拍卖形式。维克里根据交易规则,把国际通行的拍卖方式分为四类:英国式拍卖、荷兰式拍卖、第一密封价格拍卖以及第二密封价格拍卖。维克里的这种分类已经作为一种标准在国际中普遍采用。在技术拍卖中,这几种方式都存在。在拍卖结算方面,现金结算仍是主要结算形式,而股份拍卖等新方式正逐渐成为市场主流。技术需求方以股份竞标,当技术产业化后,技术提供方根据股份分享利润。石岩的研究表明,与现金拍卖相比较,股份拍卖期望收益与成交率都更高,采用一价或二价标准股份拍卖都是最优拍卖机制。Tietze 使用推理统计技术对 6 个技术交易实例中 390 项授权专利的技术进行了分析,结果表明,技术拍卖形式对于交易存在适度市场价值的技术非常适合,即具有低复杂度、高品质以及强烈影响特点的技术更适合技术拍卖。另外,技术拍卖的严格标准化的交易治理结构对于高价值技术的交易设定了限制条件,尤其针对不可预测的、无限定佣金的技术交易,在一定程度上使得这些高价值技术无须通过昂贵的议价谈判也可被获利交易,同时在合同条款设定中获得很大的自由度。在技术交易实践中,针对不同类型的技术及技术提供方,可以选择不同的拍卖形式,基础性发明创造技术不太适合进行技术拍卖,而具有一定行业应用前景的技术则可选择技术拍卖形式。

技术拍卖作为一种新兴的技术交易方式正逐步被市场所认可，但所占比例仍处于较低水平。技术拍卖尽管是作为一种定价机制来解决技术交易中定价难的问题，但其特殊的交易流程和交易方式，在一定程度上降低了交易供需双方信任建立的难度。技术提供方为吸引更多的需求方参与到技术拍卖活动中来，必然最大可能地发布技术的相关信息，这会大大降低潜在技术需求方因信息非对称引起的风险担忧，而且拍卖过程对于任意一个潜在技术需求方而言都是公平和公正的，技术需求方可以自行选择自我认可的价格去争取与技术提供方的合作，既在能力承受范围之内，又减少市场“劣币驱除良币”的影响，长此以往，有利于成熟的技术交易市场的发展建设。推广以技术拍卖为主的创新型技术交易方式是从信任视角提升技术交易效率的有效路径之一。

## 8.3　技术中介的改革与发展

技术市场中信息环境、技术环境和关系环境发生变化，技术中介的发展应满足由此产生的新的市场分工需求。技术中介要适应时代发展，要与时俱进，在外部环境发生重大变化时，须及时研判环境变化趋势以及可能引起的影响，树立超前的发展理念，完善运营模式。技术中介只有构建新的市场促进机制，克服上述市场环境变化引起的不利影响，降低总的交易成本，提高交易效率，并使技术市场其他主体因此获得更多收益，才能充分发挥其应有的市场功能作用。

### 8.3.1　建立信息数据挖掘机制

信息时代，信息环境的裂变，市场中信息记录、存储、传递的边际成本几近于零，此消彼长，信息失真普遍存在，信息甄别成本急剧上升，总交易成本的降低尚未达到市场预期。技术中介作为市场技术信息的聚集场、中转枢纽，公正性、专业性、服务性以及知识信息密集型的市场属性特征，使其在信息甄别上具有天然优势。技术中介要发挥信息甄别优势，提升信息时效性和信息质量，必须要构建技术信息数据挖掘机制。技术信息数据挖掘机制，是指技术中介依托信息技术，将技术提供方（高校、科研院所）、技术需求方（企业）、市场监管方（政府）的数据进行收集、分析、处理，在此基础上挖掘数据的二次应用价值，借助互联网，通过中介平台，实现市场中其他主体的精准匹配，为不同主体提供个性化和精准化的技术信息数据增值服务。

技术中介构建技术信息数据挖掘机制基于三方面的市场基础：一是市场要具备对技术信息数据的核心作用有正确、统一、超前的思想认知基础。技术中介对于技术信息数据在未来技术市场中的核心位置有正确、超前的认知与理解，才能将技术信息数据的挖掘、处理与应用提升至组织发展的核心战略高度，才能提前布局，通过创新管理，处理好技术信息数据发展与短期发展的矛盾。二是市场要具备建设特色鲜明的技术信息数据存储、处理、匹配的技术能力基础。技术能力基础既要求市场具备技术信息挖掘的硬件能力基础，还要求市场中要有一批具有行业知识，又具备技术信息数据挖掘、处理与应用技能的技术中介复合型人才基础，人才是创新的源头，是市场发展的根本。三是市场要具备技术信息数据的应用场景基础。市场中具有较多的技术信息数据应用场景时，说明数据价值充分显现，价值驱动成为市场的核心驱动力。技术中介作为市场主体，组织构建数据存储、处理、匹配的数据库，目的还在于通过数据库数据的二次开发实现数据处理的增值收益，应用场景增多，有利于技术中介数据增值收益增加，对其数据挖掘形成正向激励。

当前，已有技术中介组织在技术信息数据挖掘方面开展了有益探索，但在降低市场技术信息甄别成本和挖掘技术信息外延价值方面存在显著不足。譬如，通过互联网 PC 端、手机移动端提供信息搜索功能是技术中介最普遍的数据应用场景，江苏省技术产权交易市场在互联网上有实时智汇版块，提供信息搜索功能，每一个信息需求者只需输入关键词，就会搜到平台数据库内与搜索词相关的各种信息，极大地降低了信息需求者的信息搜索成本。截至 2019 年 2 月底，江苏技术产权交易市场平台集聚注册用户数近 13 万，点击量达 70 万次,平台数据量达560万余条。然而,560万条信息依旧只是独立个体,其背后的价值并未被发现和应用。对于信息需求者而言,技术中介网站只是信息的搬运工,并未对信息真伪进行有效甄别,其仍需花费较高成本对该类信息进行筛选核实,信息甄别成本依旧很高。此外,相较于阿里巴巴、腾讯等互联网数据应用领先企业,技术中介数据挖掘技术和理念还处于较低水平,市场中未见任何一家机构可以提供技术中介行业数据年度报告及趋势分析等类似白皮书。技术中介未能从数据库中提取出有分析价值的数据,缺乏挖掘技术信息外延价值的意识和能力,未能通过数据的外延价值为政府决策、技术研究、行业发展提供有效支撑。

### 8.3.2 建立信息动态协同机制

信息时代,技术环境的嬗变,使得技术的生命周期,特别是技术的应用周期急剧缩短,技术应用的经济价值降低,技术中介参与交易,可以实现技术供需方信息共享,减少技术从萌芽期到成熟期的时间成本。为此,市场中必须构建技术信息动态协同机制。技术信息动态协同机制是指技术中介作为信息的中转枢纽,将技术提供方、技术需求方、监管方的信息实时准确传递,市场各主体信息共享、协同作业、优势资源整合,大大减少技术交易和应用的时间成本,实现市场效率的提升。

技术中介要构建技术信息动态协同机制必须具备以下三个条件:一是具有以技术中介为核心的稳定技术交易市场主体网络。技术市场存在多种主体,技术中介作为主体间的黏合剂,需要将高校、科研院所、企业、政府、专家、学者等各类主体集聚一起,形成稳定的社会关系网络,确保技术中介信息传递的有效性。二是有一套行之有效的信息传递制度与信息传递渠道。信息传递制度是保障经技术中介平台发布的各类信息具有规范性、准确性、价值性的基本途径,任何组织或个人通过技术中介传递信息一定要符合该制度的要求;信息传递渠道可以保障信息能以最低成本到达技术提供方、技术需求方、监管方等市场主体,确保信息传递的规范性和及时性。三是有科学的技术信息评价方法和体系。技术中介在建立数据库基础上，对领先的技术进行科学评价，并对此技术有潜在能力和需求的技术供需方提前沟通、撮合，实现技术中介信息传递的提前性。

技术中介是技术市场中技术信息的中心节点，是核心传动枢纽，让市场中所有的主体都参与到信息协同体系中是当前建设的重点。在这方面，部分技术中介组织已形成自有特色的社会关系网络，如江苏省技术产权交易市场不仅集聚了高级专家、政府管理人员、技术供需方、技术经纪人等各类交易主体，还与海外多个著名科研院所、高校、企业、技术转移机构建立了战略合作伙伴关系。然而，在信息传递渠道建设方面相对滞后，有效信息传递依旧依靠线下面对面交流，线上交流渠道相当有限；在信息传递制度建设方面亟须创新，尚未形成科学有效的信息传递制度，信息编码、传递时无规范要求，增加信息接收成本；尽管建立了良好的社会关系网络，但未能将各网络主体有效链接，离信息动态协同的实现相距甚远。

### 8.3.3 建立信息信任中介机制

信息时代，技术逻辑的思维已促使人们重新审视原有的社会、文化、规范制度等社会运行基础，对于关系交往、行为行动都有新的认知，大量随机的“弱连接”在关系网络中发挥桥接作用。互联网的应用，使得技术市场交易主体间的这种“弱连接”更为普遍，技术供需双方更依赖信任，在自愿原则基础上开展技术交易合作。技术中介作为技术市场互联网信息中转中心，要让这种“弱连接”转变为“强连接”，必须要构建技术信息的信任中介机制。技术信息信任中介机制，是指技术中介不仅仅是技术信息的传递中介，还是市场主体的信任中介，为技术供需双方建立信任提供信任评价、信任传递、信任担保等作用功能。

技术中介要能实现信任的中介功能，关键是要敢于担责。技术中介在传统的技术交易市场中功能发挥有限，在于未能充分参与到技术供需双方的交易过程，仅认为技术中介收取较少的交易服务费，无法获取技术溢出价值，没有必要承担更多的交易责任，导致服务内容和范围越来越狭隘，参与技术交易意愿淡薄，无法为技术供需双方的交易活动背书、分责。社会经济学学者研究认为，施信方实施信任的基础是基于受信方的能力以及情感。信息时代，技术中介作为信任中介、信任传递载体，可以通过线上和线下两种渠道共同实现。线上，技术中介借助信息数据处理技术，剔除虚假信息，将甄别出的真实信息发布到互联网上，开展线上信息交流平台建设，通过主动展示部分核心数据信息，向相关方释放担责决心，展示相关技术能力。线下，技术中介组织相关交流活动，多渠道、多方式建立与增加技术提供方、技术需求方等主体间的面对面交流、沟通的频率和机会，技术供需双方的情感会随着交流的深入不断升华，加上技术中介的公正、公平背书，有利于技术供需方建立情感信任。

对于如何发挥信任的中介功能，技术中介组织还是主要基于信息流方向展开信任评价和信任传递探索，围绕增加信任传递介质，降低信任成本方面进行创新。如江苏省技术产权交易市场积极推动平台内的技术经纪人建设，依托具有竞争力的激励措施，促使技术经纪人线上、线下积极与技术供需双方交流、沟通，由于技术经纪人往往都在专一领域或特有行业具有深刻认知，也与相关专家、学者有良好的私人情感渠道，技术经纪人的出现更容易让技术供需双方建立信任，降低信任成本。但对于为技术供需双方提供信任担保功能方面，当前技术中介组织在这方面尝试还不够，既与其缺乏担责意识和决心，还与其信任激励不足有关。现阶段，市场中技术中介组织多由政府、大型国企、上市公司等具有较高声誉的组织或平台建设运营，组织自身具有公正、公平的运营属性，应充分发挥政府背书的公正性特征，大胆创新交易方式，提供多渠道、多形式的交易保障方式，最大限度地承担技术供需双方间信任建立、传递与担保的作用。

当前，技术中介处于深化技术市场改革发展的历史转折点，如何适应信息时代发展需求，走出一条符合技术市场特征的发展之路，笔者认为，未来技术中介的发展可以从以下几个方面实现突破。

**一是加快技术中介技术信息数据处理的应用场景建设。**随着移动互联网、大数据处理技术的发展，技术中介信息化建设已具备较强的市场内在驱动力，但外部市场环境，特别是技术中介进行数据深度挖掘后的场景应用相当有限。只有外部市场环境存在多种数据应用场景，技术中介进行数据挖掘的价值才能实现，以此正向激励技术中介加快数据处理技术的发展和应用。为此，政府应合理配置资源，发挥政府应有的市场调节引导功能，特别是要打破市场中的信息壁垒，制定一系列符合市场需求、能落地生根的政策意见。因地制宜制定各地区技术中介信息化发展中长期规划、建立技术经纪人等技术中介人才培养体系、鼓励技术中介建立完善安全的信息甄别系统，加大对民营技术中介的奖励以形成示范效应，提振技术中介信息化建设信心，营造良好的技术信息数据处理应用环境。

**二是加速技术中介技术信息数据处理能力提升**。信息时代，技术中介市场地位和功能作用是建立在技术信息数据处理能力基础上的，这个能力既包含有关信息甄别与信息处理的软硬件技术，还包含技术中介对各行业顶尖技术的发展趋势以及技术生命周期的识别能力，最主要是兼具技术中介行业技能和数据处理能力的综合性人才。技术中介要依托技术专家和学者，借助先进的信息处理技术建立一套安全且行之有效的信息收集、信息甄别、信息传递系统，通过对相关数据的处理分析，筛选出真实有效的信息，再通过技术中介信息传递系统精准、安全传递到信息需求者手中。技术中介要加快技术信息数据二次开发利用的技术能力建设，要与技术市场中的其他主体共建、共享技术信息数据库，挖掘数据价值的二次应用方式。

**三是强化技术中介信任担保功能作用**。技术中介作为市场细分的交易主体，要发挥其信任中介担保功能作用，主要还是要激发技术中介勇于担责、敢于担责、主动担责的精神。技术中介作为技术信息传递的权力中心，必须确保权力中心数据真实，这是市场信任文化建设的基础，市场必须要形成成熟的失信惩戒机制。因此，要启动技术中介信息管理监管建设，加快技术中介行业协会建设，转接政府相关部门市场监管职能。技术中介行业协会或相关组织的建立，可以加强产业的自律发展，该类组织应严格监管技术中介信息获取与收集的合法、合规与安全，评价信息传递的真实性，坚守诚实守信的行业发展底线，健全技术中介退出机制。

**四是加大技术中介市场新功能探索**。传统的技术交易市场中，技术中介是应市场需求产生的市场细分功能，市场功能定位单一。信息时代技术市场的信息环境、技术环境、关系环境都发生了重大变化，技术中介需要发挥更为宽泛的市场功能。部分已积累信息化发展经验、具备一定能力基础的技术中介组织要积极探索中介市场新功能，不仅服务技术供需双方，还要服务技术经纪人等第三方技术中介组织，建设技术中介信息化服务航母平台；要积极培养技术经纪人，发挥技术经纪人在技术、沟通、信任等方面的中介新作用，激发技术中介的市场活力。

# 附　录

## 技术交易绩效调查问卷

尊敬的女士/先生：

您好！非常感谢您参与本次调查问卷的填写。本调查旨在探讨技术交易过程中信任、信息共享、技术中介与技术交易绩效之间的作用机制，为提升技术交易绩效、加快科技成果转化提供可操作性策略。问卷采用不记名方式填答，信息绝不外泄，万分感谢您的大力支持！

基本概念

**技术交易**是将技术作为商品进行交易的活动，是对技术所有权或使用权进行让渡。技术交易常见的方式主要有技术转让，技术许可，技术开发，技术咨询以及其他形式的技术服务等。

**信任**是指技术交易活动中，施信方对受信方的一种积极预期，是施信方承担交易风险的同时，相信受信方不会由此采取机会主义行为。技术交易中的信任可以分为认知信任和情感信任。

**信息共享**是指在技术交易活动中，技术提供方、技术需求方、技术中介三大主体在合作过程中的信息交流和传递，主要包含信息共享质量和信息共享内容。

**技术中介**是指以知识、技术、经验和信息为技术供需双方进行技术交易提供联系、技术评价、监督协议履行等方面服务的中介方。

**技术交易绩效**是指在技术供需双方约定的时间内，在消耗相当数量的人力、物资、资金等相关成本后实现的收益。

第一部分 贵单位及填表人基本信息

1. 请填写城市:[填空题][必答题]________

2. 贵单位的性质 [单选题][必答题]

○高校 ○科研院所 ○企业 ○政府机构 ○技术中介 ○其他________

3. 您从事的岗位 [单选题][必答题]

○科研人员 ○企业人员 ○中介人员 ○政府人员 ○其他________

4. 贵单位从事技术交易合作的频率[单选题][必答题]

○较为频繁 ○有但不多 ○部分参与 ○不了解

5. 贵单位最近一次技术交易的主要方式 [单选题][必答题]

○技术转让 ○技术许可 ○技术开发 ○技术咨询 ○其他________

第二部分 技术交易绩效评价(请根据最近一次技术交易的实际情况打分)

**一、信任变量**

6. 鉴于交易方的声誉,我方认为其具备交易所需的技术和能力[单选题][必答题]

非常不符合 ○1 ○2 ○3 ○4 ○5 ○6 ○7 非常符合

7. 双方能彼此分享交易意愿、交易感受和交易预期[单选题][必答题]

非常不符合 ○1 ○2 ○3 ○4 ○5 ○6 ○7 非常符合

8. 当交易中出现困难或障碍时,双方能共同努力解决[单选题][必答题]

非常不符合 ○1 ○2 ○3 ○4 ○5 ○6 ○7 非常符合

9. 交易方会用专业和奉献的精神对待我们之间的技术交易[单选题][必答题]

非常不符合 ○1 ○2 ○3 ○4 ○5 ○6 ○7 非常符合

10. 交易过程中,双方投入大量精力、时间、物力维系关系,这个过程是愉快且值当的[单选题][必答题]

非常不符合 ○1 ○2 ○3 ○4 ○5 ○6 ○7 非常符合

## 二、信息共享变量

11. 双方愿意共享技术关键知识[单选题][必答题]

非常不符合 ○1 ○2 ○3 ○4 ○5 ○6 ○7 非常符合

12. 双方愿意共享技术经验或诀窍[单选题][必答题]

非常不符合 ○1 ○2 ○3 ○4 ○5 ○6 ○7 非常符合

13. 双方愿意共享技术可能存在的不足[单选题][必答题]

非常不符合 ○1 ○2 ○3 ○4 ○5 ○6 ○7 非常符合

14. 双方愿意共享技术的应用预测信息[单选题][必答题]

非常不符合 ○1 ○2 ○3 ○4 ○5 ○6 ○7 非常符合

15. 双方愿意提供合同以外的信息[单选题][必答题]

非常不符合 ○1 ○2 ○3 ○4 ○5 ○6 ○7 非常符合

## 三、技术中介变量

16. 技术中介提供信息服务，且信息真实、有效[单选题][必答题]

非常不符合 ○1 ○2 ○3 ○4 ○5 ○6 ○7 非常符合

17. 技术中介能够联络引荐技术供需方，降低技术搜寻难度[单选题][必答题]

非常不符合 ○1 ○2 ○3 ○4 ○5 ○6 ○7 非常符合

18. 技术中介从事相关知识产权或技术保护工作，能保证相关方权益[单选题][必答题]

非常不符合 ○1 ○2 ○3 ○4 ○5 ○6 ○7 非常符合

19. 技术中介能够对新技术应用方向和前景提供准确的预算评价，甄别技术价值[单选题][必答题]

非常不符合 ○1 ○2 ○3 ○4 ○5 ○6 ○7 非常符合

20. 有技术中介参与的技术交易更容易实现[单选题][必答题]

非常不符合 ○1 ○2 ○3 ○4 ○5 ○6 ○7 非常符合

## 四、技术交易绩效变量

21. 双方对交易的过程感到很满意[单选题][必答题]

非常不符合 ○1 ○2 ○3 ○4 ○5 ○6 ○7 非常符合

22. 技术需求方能独立运用该技术[单选题][必答题]

非常不符合　○1　○2　○3　○4　○5　○6　○7　非常符合

23. 双方的技术能力得到提升[单选题][必答题]

非常不符合　○1　○2　○3　○4　○5　○6　○7　非常符合

24. 双方的合作时间已经持续很久[单选题][必答题]

非常不符合　○1　○2　○3　○4　○5　○6　○7　非常符合

25. 双方愿意继续开展更深层次的合作[单选题][必答题]

非常不符合　○1　○2　○3　○4　○5　○6　○7　非常符合

# 参考文献

## 一、著作类参考文献


[1] [美]福山·F.信任:社会美德与创造经济繁荣[M].彭志华,译.海口:海南出版社,2001.

[2] 马庆国.管理统计:数据获取、统计原理、SPSS 工具与应用研究[M].北京:科学出版社,2002.

[3] [德]卢曼.信任:一个社会复杂性的简化机制[M].瞿铁鹏,李强,译.上海:上海人民出版社,2005.

[4] [波兰]什托姆普卡.信任:一种社会学理论[M].程胜利,译.北京:中华书局出版社,2005.

[5] 谢富纪.技术转移与技术交易[M].北京:清华大学出版社,2006.

[6] [美]格兰诺维特·M.镶嵌:社会网与经济行动[M].罗家德,译.北京:社会科学文献出版社,2007.

[7] 吴明隆.结构方程模型:AMOS 的操作与应用[M].2 版.重庆:重庆大学出版社,2010.

[8] 张士运.技术转移体系建设理论与实践[M].北京:中国经济出版社,2014.

[9] [美]诺斯.制度、制度变迁与经济绩效[M].杭行,译.上海:格致出版社,2014.

[10] [美]阿瑟·B.技术的本质[M].曹东溟,王健,译.杭州:浙江人民出版

社,2014.

[11] [德]泰特兹·F.技术市场交易:拍卖、中介与创新[M].钱京,冯晓玲,译.北京:知识产权出版社,2016.

[12] [美]奥利弗·E.威廉姆森.治理机制[M].石烁,译.北京:机械工业出版社,2016.

## 二、中文论文类参考文献

[1] 张维迎.所有制、治理结构及委托—代理关系:兼评崔之元和周其仁的一些观点[J].经济研究,1996(9):3-15,53.

[2] 杨小凯.新兴古典发展经济学导论[J].经济研究,1999(4):31.

[3] 杨小凯,张永生.新兴古典发展经济学导论[J].经济研究,1999(7):67-77.

[4] 彭泗清.信任的建立机制:关系运作与法制手段[J].社会学研究,1999(2):55-68.

[5] 刘学.技术交易的特征与技术市场研究[J].中国软科学,2000(3):62-67.

[6] 杨瑞龙,杨其静.专用性、专有性与企业制度[J].经济研究,2001(3):3-11,93.

[7] 刘学,靳云汇.技术市场:功能的局限性与适合交易的技术类型[J].研究与发展管理,2001,13(4):37-41.

[8] 张维迎.法律制度的信誉基础[J].经济研究,2002(1):3-13,92-93.

[9] 惠双民.资产专用性、网络扩展和私人秩序[J].经济研究,2002(7):63-68,92.

[10] 方世建,史春茂.技术交易中的逆向选择和中介效率分析[J].科研管理,2003,24(3):45-51.

[11] 董正英.技术交易、中介与中国技术市场发展[D].复旦大学,2003.

[12] 王万山,裘孟荣,袁飞.论技术产权交易市场的制度环境[J].科学学研究,2003,21(2):149-153.

[13] 牛晓帆,安一民.交易成本理论的最新发展与超越[J].云南民族学院学报(哲学社会科学版),2003(1):79-83.

[14] 程宏伟.隐性契约、专用性投资与资本结构[J].中国工业经济,2004(8):105-111.

[15] 袁庆明,刘洋.威廉姆森交易成本决定因素理论评析[J].财经理论与实践,2004,25(5):16-20.

[16] 牛德生.资产专用性理论分析[J].经济经纬,2004(3):18-21.

[17] 杨悦.交易成本理论的哲学思想与方法论基础[J].南京社会科学,2004(7):9-15.

[18] 张凤香,黄瑞华.企业间专利技术交易中的道德风险博弈分析[J].科学管理研究,2004,22(2):36-40.

[19] 刘辉.技术市场建设及市场环境创新[J].情报科学,2004,22(1):30-34.

[20] 董正英,司春林.技术中介对技术成交效率影响研究[J].研究与发展管理,2005,17(4):8-14.

[21] 叶初升,孙永平.信任问题经济学研究的最新进展与实践启示[J].国外社会科学,2005(3):9-16.

[22] 易余胤,刘汉民.经济研究中的演化博弈理论[J].商业经济与管理,2005(8):10-15.

[23] 林毅夫,潘士远.信息不对称、逆向选择与经济发展[J].世界经济,2006(1):3-11.

[24] 杨瑞龙,聂辉华.不完全契约理论:一个综述[J].经济研究,2006(2):106-117.

[25] 刘锡田.制度创新中的交易成本理论及其发展[J].当代财经,2006(1):23-26.

[26] 赵红军,尹伯成.论交易效率与中国的城乡差距[J].复旦学报(社会科学版),2006(1):90-97.

[27] 刘学,项晓峰,林耕,等.研发联盟中的初始信任与控制战略:基于中国制药产业的研究[J].管理世界,2006(11):90-100.

[28] 李国杰.技术转移是国家创新体系最薄弱环节[J].中国科技产业,2006(8):25.

[29] 朱方伟,蒋兵,唐丽艳.技术转移中隐性知识转化的影响因素研究[J].研究与发展管理,2006,18(6):8-14.

[30] 张世君.基于社会知识活动系统的技术中介研究[D].大连理工大学,2007.

[31] 严进,郑玫,苗玲玲.组织中管理者信任的前因机制:基于契约与LMX的实证分析[J].应用心理学,2007,13(4):297-304.

[32] 潘镇,李晏墅.联盟中的信任:一项中国情景下的实证研究[J].中国工业经济,2008(4):44-54.

[33] 李颋.基于新兴古典经济学的交易效率述评[J].南京财经大学学报,2008(6):12-16.

[34] 刘勤福,董正英.技术中介效率评价研究[J].科技进步与对策,2008,25(6):121-124.

[35] 段兆英,钱伟量.基于结构功能主义的技术中介功能分析[J].科技进步与对策,2008,25(4):172-175.

[36] 寿志钢,苏晨汀,杨志林,等.零售商的能力与友善如何影响供应商的关系行为:基于信任理论的实证研究[J].管理世界,2008(2):97-109.

[37] 简兆权,占孙福.吸收能力、知识整合与组织知识及技术转移绩效的关系研究[J].科学学与科学技术管理,2009,30(6):81-86.

[38] 林莉,郑旭,葛继平.产学研联盟知识转移的影响因素及促进机制研究[J].中国科技论坛,2009(5):39-43.

[39] 廖述梅,徐升华.我国校企技术转移效率及影响因素分析[J].科学学与科学技术管理,2009,30(11):52-56.

[40] 孙庆民.认知倾向的社会交换理论[J].国外社会科学,2009(2):27-34.

[41] 周志娟,金国婷.社会交换理论综述[J].中国商界,2009(1):287.

[42] 张铁男,杜军.科技中介服务机构三方合作中的博弈分析[J].科技管理研究,2009,29(10):353-355.

[43] 李元旭,黄平.社会交换理论视角下国际服务外包企业间信任本质[J].求索,2010(9):5－7.

[44] 薛卫,曹建国,易难,等.企业与大学技术合作的绩效:基于合作治理视角的实证研究[J].中国软科学,2010(3):120－132,185.

[45] 王燕.知识产权交易纠纷特点之剖析:以2005—2009年北京市知识产权合同纠纷案件为依据[J].中国发明与专利,2010(10):82－83.

[46] 刘家树,菅利荣.科技成果转化效率测度与影响因素分析[J].科技进步与对策,2010,27(20):119－122.

[47] 李延喜,吴笛,肖峰雷,等.声誉理论研究述评[J].管理评论,2010,22(10):3－11.

[48] 王涛,顾新.知识链成员间相互信任的建立与演化过程研究[J].科技进步与对策,2010,27(14):14－16.

[49] 吴凡,董正英.高等学校技术转移能力影响因素及实证分析[J].科技进步与对策,2010,27(10):137－140.

[50] 李玲.技术创新网络中企业间依赖、企业开放度对合作绩效的影响[J].南开管理评论,2011,14(4):16－24.

[51] 叶飞,薛运普.供应链伙伴间信息共享对运营绩效的间接作用机理研究:以关系资本为中间变量[J].中国管理科学,2011,19(6):114－127.

[52] 马本江,解宇.企业专用性投资资本与信号机制:兼论当前我国市场信用状况恶劣的原因[J].经济问题,2011(5):92－96.

[53] 王陆玲,刘征驰,周杨,等.基于专用性人力资本的服务供应商信号传递研究[J].软科学,2011,25(8):100－103.

[54] 柴国荣,龚琳玲,李振超.产业集群合作创新中信任关系的演化博弈分析[J].科技管理研究,2011,31(2):43－45,80.

[55] 曹玉玲,李随成.企业间信任的影响因素模型及实证研究[J].科研管理,2011,32(1):140－149.

[56] 贺京同,冯尧.中国高技术产业科技成果转化效率的实证研究:基于DEA-Malmquist指数方法[J].云南社会科学,2011(4):92－97.

[57] 林江,周少君,黄亮雄.区域合作与科技成果转化效率:基于“泛珠三角”区域框架的实证分析[J].财经研究,2011(12):129-139.

[58] 陈伟,张旭梅.供应链伙伴特性、知识交易与创新绩效关系的实证研究[J].科研管理,2011,32(11):7-17.

[59] 李世超,蔺楠,苏竣.基于知识转移的产学关系嵌入作用机制研究[J].科学学研究,2011,29(10):1459,1532-1541.

[60] 王涛,顾新.知识网络组织之间相互信任的建立过程分析[J].情报杂志,2011,30(4):102-106.

[61] 刘泽政,傅正华,刘泽宪.我国技术转移中政府职能研究[J].科学管理研究,2011,29(4):60-64.

[62] 艾时钟,尚永辉,信妍.IT 外包知识转移影响因素分析:基于关系质量的实证研究[J].科学学研究,2011,29(8):1216-1222.

[63] 原长弘,周林海.知识转移效率的研究现状[J].中国科技论坛,2011(3):115-122.

[64] 刘小平.员工组织承诺的形成过程:内部机制和外部影响——基于社会交换理论的实证研究[J].管理世界,2011(11):92-104.

[65] 徐雨森,蒋杰.技术中介在技术转移系统中的影响机理实证研究[J].研究与发展管理,2011,23(5):45-52.

[66] 赵云云.对布劳交换理论的解读与新探索[J].山西师大学报(社会科学版),2012,39(S3):15-17.

[67] 孙卫,王彩华,刘民婷.产学研联盟中知识转移绩效的影响因素研究[J].科学学与科学技术管理,2012,33(8):60-67.

[68] 郭强,夏向阳,赵莉.高校科技成果转化影响因素及对策研究[J].科技进步与对策,2012,29(6):157-159.

[69] 曹威麟,谭敏.社会网络视角下跨区域技术转移绩效影响因素研究:基于我国 30 个省区关系数据的实证检验[J].中国科技论坛,2012(1):89-95.

[70] 黄凯南.不完全合同理论的新视角:基于演化经济学的分析[J].经济研究,2012,47(2):134-146.

[71] 张国锋.产学研联盟的知识转移机制及治理模式研究[D].大连理工大学,2012.

[72] 刘清海,史本山.研发外包契约选择:基于事后效率的研究[J].软科学,2012,26(5):140-144.

[73] 陈怡安.组织学习与技术转移绩效的关系实证[J].求索,2012(4):92-93,204.

[74] 杨洪涛,吴想.产学协同创新知识转移影响因素实证研究[J].科技进步与对策,2012,29(14):123-127.

[75] 张生太,梁娟.组织政治技能、组织信任对隐性知识共享的影响研究[J].科研管理,2012,33(6):33-41.

[76] 雷宏振,侯娜.主管支持感、主管信任与组织成员间的知识转移效果[J].科技进步与对策,2012(5):142-146.

[77] 叶飞,张婕,吕晖.供应商机会主义行为对信息共享与运营绩效的影响[J].管理科学,2012,25(2):53-62.

[78] 魏芳芳,陈福集.网络虚假信息中政府、企业和公民三者的进化博弈行为分析[J].运筹与管理,2012,21(6):229-234.

[79] 李梅芳,赵永翔,唐振鹏.产学研合作成效关键影响因素研究:基于合作开展与合作满意的视角[J].科学学研究,2012,30(12):113-122.

[80] 党兴华,孙永磊.技术创新网络位置对网络惯例的影响研究:以组织间信任为中介变量[J].科研管理,2013,34(4):1-8.

[81] 陈华珊.组织中的信任[D].上海大学,2013.

[82] 张红兵,张素平.技术联盟知识转移有效性影响因素的实证研究[J].科学学研究,2013,31(7):1041-1049.

[83] 林庆藩,林伟明,刘燕娜,等.农业企业与高校合作中技术转移绩效的影响因素研究:基于福建省 193 家农业企业的数据[J].福建论坛(人文社会科学版),2013(2):149-154.

[84] 刘清海,史本山.技术转移效率及产权治理:基于不完全契约的视角[J].工业技术经济,2013,32(1):49-54.

[85] 赵广凤，刘秋生，李守伟.技术转移风险因素分析[J].科技管理研究，2013，33(3)：204－210.

[86] 张敦力，魏霄.财务战略、可置信承诺与专用性资产投资的信号作用[J].中南财经政法大学学报，2013(1)：98－102，110.

[87] 曾敏刚，吴倩倩.信息共享对供应链绩效的间接作用机理研究[J].科学学与科学技术管理，2013，34(6)：22－30.

[88] 李天放，冯锋.跨区域技术转移网络测度与治理研究：基于共生理论视角[J].科学学研究，2013，31(5)：684－692.

[89] 雷光继，林耕.我国技术市场发展面临的机遇、问题和对策研究[J].科学管理研究，2013，31(5)：5－8.

[90] 潘文安，骆李佳.中小企业技术联盟成员之间信任、关系承诺与合作绩效：基于浙江地区产业集群实证研究[J].科技管理研究，2013，33(3)：175－179.

[91] 朱永跃，顾国庆.基于协同创新的校企合作信任关系研究[J].科技进步与对策，2013，30(19)：96－99.

[92] 何彬，范硕.中国大学科技成果转化效率演变与影响因素：基于 Bootstrap－DEA 方法和面板 Tobit 模型的分析[J].科学学与科学技术管理，2013(10)：85－94.

[93] 张明喜，郭戎.从科技成果转化率到转化效率：指标体系设计与实证分析[J].软科学，2013，27(12)：89－93，143.

[94] 王方，李华.基于 DEA 的中国区域技术转移效率评价[J].科研管理，2013(S1)：153－160.

[95] 陈瑞，郑毓煌，刘文静.中介效应分析：原理、程序、Bootstrap 方法及其应用[J].营销科学学报，2013(4)：120－135.

[96] 谭云清，李元旭.国际服务发包商初始信任的影响因素实证研究[J].科研管理，2013，34(12)：129－136.

[97] 魏芳芳，陈福集.三方非对称进化博弈行为分析[J].浙江大学学报(理学版)，2013(2)：146－151.

[98] 方静,武小平.产业技术创新联盟信任关系的演化博弈分析[J].财经问题研究,2013(7):39-43.

[99] 胡浩志,吴梦娇.资产专用性的度量研究[J].中南财经政法大学学报,2013(1):38-46.

[100] 吴悦,顾新,王涛.信任演化视角下知识网络中组织间知识转移机理研究[J].科技进步与对策,2014(20):132-136.

[101] 韩亚品,胡珑瑛.基于混沌理论的创新网络中组织间信任演化研究[J].运筹与管理,2014(4):219-227.

[102] 郭元源,池仁勇,段姗.科技中介功能、网络位置与产业集群绩效:基于浙江省典型产业集群的实证研究[J].科学学研究,2014,32(6):43-53,74.

[103] 杜亚灵,闫鹏.PPP项目中初始信任形成机理的实证研究[J].土木工程学报,2014,47(4):123-132.

[104] 夏维力,李晓歌.校企合作创新网络信任的动态演进分析[J].计算机工程与应用,2014,50(11):32-36,113.

[105] 薛克雷,潘郁,叶斌,等.产学研协同创新信任关系的演化博弈分析[J].科技管理研究,2014,34(21):18-23.

[106] 吕国昌,蒋芬.国外网上技术市场商业模式比较与启示[J].商业时代,2014(33):92-94.

[107] 王永梅,王峥,张黎.科研院所技术转移绩效影响因素的实证研究:基于技术供给方的视角[J].科学学与科学技术管理,2014(11):108-116.

[108] 王晓东,苏启林.以网络强度为调节变量的科技中介互补性资产与技术转移绩效的关系研究[J].预测,2014,33(2):28-33,45.

[109] 卫平,赵良浩.我国战略性新兴产业科技成果转化效率研究[J].工业技术经济,2014(1):11-20.

[110] 刁丽琳,朱桂龙.产学研合作中的契约维度、信任与知识转移:基于多案例的研究[J].科学学研究,2014,32(6):92-103.

[111] 杜茂康,陶波,朱圆.基于三方博弈的废旧家电回收逆向物流激励推进机制研究[J].软科学,2014,28(12):59-63.

[112] 周俊,袁建新.领域知识专用性投资对接收方机会主义行为的影响与治理[J].管理评论,2015,27(11):170－180.

[113] 江旭,姜飞飞.不确定性、联盟风险管理与合作绩效满意度[J].管理工程学报,2015,29(3):180－190.

[114] 黄劲松,郑小勇.是契约、信任还是信心促成了产学研合作?两个产学研联盟案例的比较研究[J].科学学研究,2015,33(5):96－102.

[115] 龚天平,李海英.论经济交换的伦理价值及其道德规则[J].河海大学学报(哲学社会科学版),2015,17(1):26－32,95－96.

[116] 刘春艳,王伟.产学研协同创新联盟知识转移的策略研究[J].学习与探索,2015,236(3):116－119.

[117] 王培林,陈芳.产学研隐性知识转移的RMT模式研究[J].科技进步与对策,2015,32(4):135－139.

[118] 范柏乃,余钧.高校技术转移效率区域差异及影响因素研究[J].科学学研究,2015,33(12):1805－1812.

[119] 蒋伏心,华冬芳,刘利平.论我国科技服务业的体制改革与机制创新[J].现代经济探讨,2015(9):37－41.

[120] 王雪原,武建龙,董媛媛.基于技术成熟度的成果转化过程不同主体行为研究[J].中国科技论坛,2015(6):49－54.

[121] 陈伟,潘成蓉.供应链企业间知识共享的创新效应分析:关系和信任导向下的实证研究[J].技术经济与管理研究,2015,226(5):28－32.

[122] 祁红梅,王森,樊琦.知识产权风险与创新联盟形成绩效:快速信任的调节作用[J].科研管理,2015,36(1):137－144.

[123] 孙毅,程新生,武毓涵.资产专用性、可置信承诺与行为约束效应:基于控制性股东视角[J].经济问题,2015(8):101－106.

[124] 张运华,王美琳.信任和信息对称性对知识流动效果的影响:以知识共享意愿为中介的实证研究[J].情报理论与实践,2016,39(4):97－102.

[125] 王生银.组织内人际信任和知识共享关系的理论研究[J].领导科学,2016,655(26):49－51.

[126] 刘宗华,李燕萍,郭昱琅,等.组织信任对知识分享的影响:组织认同和高承诺人力资源实践的作用[J].经济与管理研究,2016,37(12):115-124.

[127] 房茂涛.组织间信任对企业技术创新绩效影响研究:网络外部智力资本获取的中介视角[D].首都经济贸易大学,2016.

[128] 石岩,谢富纪,刘浪.基于股份支付的技术拍卖[J].系统工程理论与实践,2016,36(2):326-334.

[129] 王子龙.网络与传统交易的交易效率比较:以消费品为例[J].商业研究,2016(6):1-8.

[130] 华冬芳,蒋伏心.技术转移中的信任生成机理研究[J].南京社会科学,2016(9):17-23.

[131] 栾春娟,程昉.技术的市场潜力测度与预测:基于技术颠覆潜力与技术成熟度综合指标[J].科学学研究,2016(12):1761-1768,1816.

[132] 马宽,王崑声,王婷婷,等.技术成熟度通用评价标准研究[J].科学管理研究,2016,34(3):14-17.

[133] 石岩,谢富纪,刘浪.技术拍卖的最优机制[J].管理科学学报,2016,19(5):32-44.

[134] 傅正华,张玢,林耕,等.我国技术市场发展的机遇、挑战和战略选择研究[J].科技管理研究,2016,36(4):31-36.

[135] 冯华,单丽曼.中国技术转移效率评价研究:基于 Malmquist 指数和 Bootstrap-DEA 的实证分析[J].学习与实践,2016(11):14-22.

[136] 朱海英.中国专业市场效率及其影响因素研究:基于 SFA 模型[J].华东经济管理,2016(11):85-91.

[137] 余元春,顾新,陈一君.产学研技术转移"黑箱"解构及效率评价[J].科研管理,2017,38(4):28-37.

[138] 华冬芳,蒋伏心.专用性资产在技术转移中的作用研究[J].科技管理研究,2017(8):38-43.

[139] 苏昕,张辉.三方博弈视角下的农产品渠道关系治理研究[J].农业技术

经济,2017(3):44－54.

[140] 宋之杰,王浩,石蕊.跨区域创新资源协同的驱动机理及协同模式探析[J].企业经济,2017(2):167－173.

## 三、外文类参考文献

[1] Deutsch Morton. Trust and Suspicion[J]. Journal of Conflict Resolution, 1958,2(4):265－279.

[2] Fornell Claes, Larcker David. Evaluating Structural Equation Models with Unobservable Variables and Measurement Error[J]. Journal of Marketing Research, 1981,18(1):39－50.

[3] Lewis David, Weigert Andrew. Trust as a Social Reality[J]. Social Forces, 1985,63(4):967.

[4] Zucker LG. Production of Trust: Institutional Sources of Economic Structure[J]. Research in Organizational Behavior, 1986,8(2):53－111.

[5] Anderson James, Gerbing David. Structural Equation Modeling in Practice: A Review and Recommended Two Step Approach[J]. Psychological Bulletin, 1988,103(3):411－423.

[6] Bagozzi Richard, Yi Youjae. On the Evaluation of Structural Equation Models[J]. Springer-Verlag, 1988,16(1):74－94.

[7] Coleman James. Foundations of Social Theory[J]. Belknap Press of Harvard University Press, 1990,85(3):19－25.

[8] Breckler Steven. Applications of Covariance Structure Modeling in Psychology: Cause for Concern? [J]. Psychological Bulletin, 1990,107(2):260－273.

[9] Comrey Andrew-Laurence. A First Course in Factor Analysis[M]. NJ: Psychology Press, 1992:38－65.

[10] Mcallister Daniel. Affect and Cognition Based Trust as Foundations for

Interpersonal Cooperation in Organizations[J]. Academy of Management, 1995,38(1):24-59.

[11] Mayer Roger, Davis James, Schoorman David. An Integrative Model of Organizational Trust[J]. Academy of Management, 1995,20(3):709-734.

[12] Lewicki RJ, Bunker BB. Developing and Maintaining Trust in Work Relationships[J]. Trust in Organizations Frontiers of Theory & Research, 1996,219-229.

[13] Bozeman Barry. Technology Transfer and Public Policy: A Review of Research and Theory[J]. Research Policy, 2000,29(4):627-655.

[14] Ruth raines-eudy. Using Structural Equation Modeling to Test for Differential Reliability and Validity: An Empirical Demonstration[J]. Structural Equation Modeling: A Multidisciplinary Journal, 2000, 7(1):124-141.

[15] Wolpert John. Breaking Out of the Innovation Box.[J]. Harvard business review, 2002,80(8):76-83.

[16] Caputo A, Cucchiella F, Fratocchi L. A Methodological Framework for Innovation Transfer to SMEs[J]. Industrial Management & Data Systems, 2002,102(5):271-283.

[17] Cummings J, TENG-BS. Transferring R & D knowledge: the Key Factors Affecting Knowledge Transfer Success[J]. Journal of Engineering & Technology Management, 2003,30(1):39-68.

[18] Gholamreza Torkzadeh, Xenophon Koufteros, Kurt Pflughoeft. Confirmatory Analysis of Computer Self-Efficacy[J]. Structural Equation Modeling: A Multidisciplinary Journal, 2003,10(2):263-275.

[19] Eriksson Kent, Sharma Deo. Modeling Uncertainty in Buyer-seller Cooperation[J]. Journal of Business Research, 2003,56(12):961-970.

[20] Stevens J. Applied Multivariate Statistics for the Social Sciences[J]. Journal of the Royal Statistical Society, 2003,52(3):418-420.

[21] Markman Gideon, Gianiodis Peter, Phan Phillip. Entrepreneurship from the Ivory Tower: Do Incentive Systems Matter? [J]. The Journal of Technology Transfer, 2004,29(3):353－364.

[22] Markman Gideon, Gianiodis Peter, Phan Phillip. Entrepreneurship from the Ivory Tower: Do Incentive Systems Matter? [J]. The Journal of Technology Transfer, 2004,29(3):353－364.

[23] Pohlmann John. Use and Interpretation of Factor Analysis in The Journal of Educational Research: 1992—2002[J]. The Journal of Educational Research, 2004,98(1):14－23.

[24] Bock, Woo Gee, Zmud. Behavioral Intention Formation in Knowledge Sharing: Examining the Roles of Extrinsic Motivators, Social-Psychological Forces, and Organizational Climate[J]. MIS Quarterly: Management Information Systems, 2005,29(1):87－111.

[25] Richards Malika, Yang Yi. Determinants of Foreign Ownership in International R&D Joint Ventures: Transaction Costs and National Culture [J]. Journal of International Management, 2007,13(2):110－130.

[26] Chua, R. Y. J., Ingram P, Morris M. From the Head and the Heart: Locating Cognition and Affect-Based Trust in Managers' Professional Networks[J]. Academy of Management Journal, 2008,51(3):436－452.

[27] Guo B, Perron B, Gillespie D. A Systematic Review of Structural Equation Modelling in Social Work Research[J]. British Journal of Social Work, 2009,39(8):1556－1574.

[28] Byrne Barbara. Structural Equation Modeling With AMOS: Basic Concepts, Applications, and Programming, Second Edition[M]. New Jersey: Lawrence Erlbaum Associates, 2009:35－289.

[29] Marcoulides GA. Modern Methods for Business Research[M]. London: Psychology Press, 2009:323.

[30] Tina c. ambos, Björn ambos. The Impact of Distance on Knowledge

Transfer Effectiveness in Multinational Corporations[J]. Journal of International Management, 2009,15(1):1-14.

[31] Lui Steven, Yin yee wong, Liu Weiping. Asset Specificity Roles in Interfirm Cooperation: Reducing Opportunistic Behavior or Increasing Cooperative Behavior? [J]. Journal of Business Research, 2009, 62 (11):1214-1219.

[32] Couchman, Fulop. Examining Partner Experience in Cross-sector Collaborative Projects Focused on the Commercialization of R&D[J]. Innovation, 2009,11(1):85-103.

[33] Aida Caldera, Olivier Debande. Performance of Spanish Universities in Technology Transfer: An Empirical Analysis[J]. Research Policy, 2010,39(9):1160-1173.

[34] Comacchio Anna, Bonesso Sara, Pizzi Claudio. Boundary Spanning Between Industry and University: The Role of Technology Transfer Centres[J]. Journal of Technology Transfer, 2012,37(6):943-966.

[35] Sohn SY, Lee Mooyeob. Conjoint Analysis of R & D Contract Agreements for Industry-funded University Research[J]. Journal of Technology Transfer, 2012,37(4):532-549.

[36] Hulsbeck M, Lehmann E, Starnecker A. Performance of Technology Transfer Offices in Germany[J]. Journal of Technology Transfer, 2013,38(3):199-215.

[37] Ho Mei Hsiu-Ching, Liu John S., Lu Wen-min, et al. A New Perspective to Explore the Technology Transfer Efficiencies in US Universities[J]. Springer US, 2014,39(2):247-275.

[38] Cinzia Battistella, Alberto F. De Toni Roberto Pillon. Inter Organisational Technology/Knowledge Transfer: A Framework from Critical Literature Review[J]. Journal of Technology Transfer, 2014 (41):1-40.

[39] Jensen Paul, Palangkaraya Alfons, Webster Elizabeth. Trust and the

Market for Technology[J]. Research Policy, 2015,44(2):340 - 356.

[40] Bozeman Barry, Rimes Heather, Youtie Jan. The Evolving State of the Art in Technology Transfer Research: Revisiting the Contingent Effectiveness Model[J]. Research Policy, 2015,44(1):34 - 49.

[41] Curi, Daraio, Lerena. The Productivity of French Technology Transfer Offices After Government Reforms[J]. Applied Economics, 2015,47(28): 3008 - 3019.

[42] Vinig Tsvi, Lips David. Measuring the Performance of University Technology Transfer Using Meta Data Approach: the Case of Dutch Universities[J]. Journal of Technology Transfer, 2015,40(6):1034 - 1049.

[43] Weckowska, Dagmara M. Learning in University Technology Transfer Offices: Transactions-focused And Relations-focused Approaches to Commercialization of Academic Research[J]. Technovation, 2015,41 - 42:62 - 74.

[44] Mishra Anant, Das Sidhartha, Murray James. Risk, Process Maturity, and Project Performance: An Empirical Analysis of US Federal Government Technology Projects [J]. Production and Operations Management, 2016,25(2):210 - 232.

[45] Villani Elisa, Rasmussen Einar, Grimaldi Rosa. How Intermediary Organizations Facilitate University Industry Technology Transfer: A Proximity Approach[J]. Technological Forecasting Social Change, 2017,114(1):86 - 102.